SVEN AMTSBERG/KAT MENSCHIK

PARANORMALE PHÄNΩMENE

Fast wahre Geschichten

© Maike Hogrefe

DAS BUCH

»Dieses Buch versammelt Schilderungen von Augenzeugen, die über paranormale Phänomene berichten. Es bemüht sich um Aufklärung dieser Phänomene und ist bestrebt, die Parapsychologie aus ihrer Schmuddel-Ecke zu holen.« So will der Autor seine nicht ganz ernst gemeinte Sammlung von unfassbar fantasievollen, so skurrilen wie komischen Erzählungen verstanden wissen – und versetzt den Leser in Angst, Schrecken und wohligen Schauder: Da ist die von der Waterkant in die Berge verpflanzte Mutter, die immerzu Fische spuckt (*Meeresepiphanie*) – oder Peters Frau, die sich als Medium für Außerirdische begreift, überall welche aufliest und sie heimbringt (*Alienologie*). Steckdosen beginnen zu atmen (*Steckdosenanomalie*), die Nacht verfestigt sich und wird in Tüten gepackt (*Noctomalia*), das Meer gibt ein unheimliches Heer klappernder Fischmänner frei (*Ichthyoiden*) und im Keller stellt sich ein älterer Herr auf einem ausgedienten Trimm-dich-Rad als Familien-Nazi vor (*Nazi-Emergenz*). Vorgeführt werden außerdem *Embryonale Genese*, *Kryptozoologie*, *Astrokalypse*, *Ornikinese* u. v. m.

DER AUTOR

SVEN AMTSBERG ist Schriftsteller, Gründungsmitglied des literarischen Clubs *Macht e. V.*, Veranstalter und Moderator. In den Jahren 2001 und 2008 erhielt er den Hamburger Förderpreis für Literatur. Zuletzt erschien *Die Wahrheit* über *Deutschland* im Rowohlt Verlag. Für das Hamburger Abendblatt schrieb er regelmäßig die Kolumne *Amtsbergs Ansichten*.

DIE ILLUSTRATORIN

KAT MENSCHIK ist eine deutsche Künstlerin und arbeitet als Illustratorin für die Frankfurter Allgemeine Sonntagszeitung. Sie bebilderte mehrere Bücher, darunter *Schlaf* sowie *Die unheimliche Bibliothek* von Haruki Murakami. Zuletzt erschien ihr Gartenbuch *Der goldene Grubber*.

SVEN AMTSBERG

PARANORMALE PHÄNΩMENE

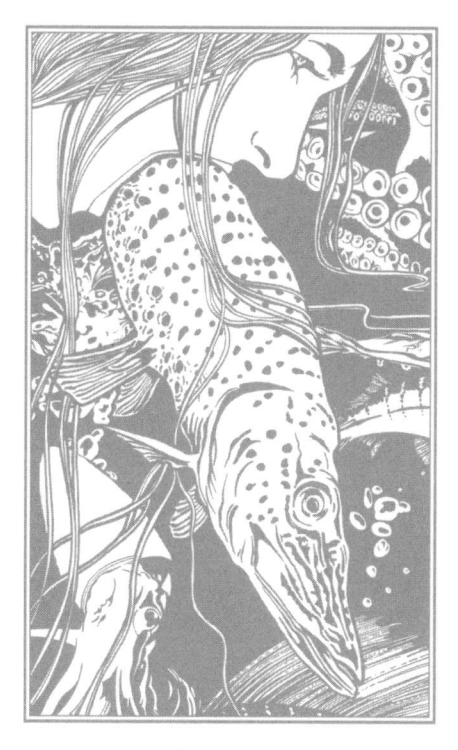

Fast wahre Geschichten

**ILLUSTRIERT VON
KAT MENSCHIK**

METROLIT

Für Tex und Henry

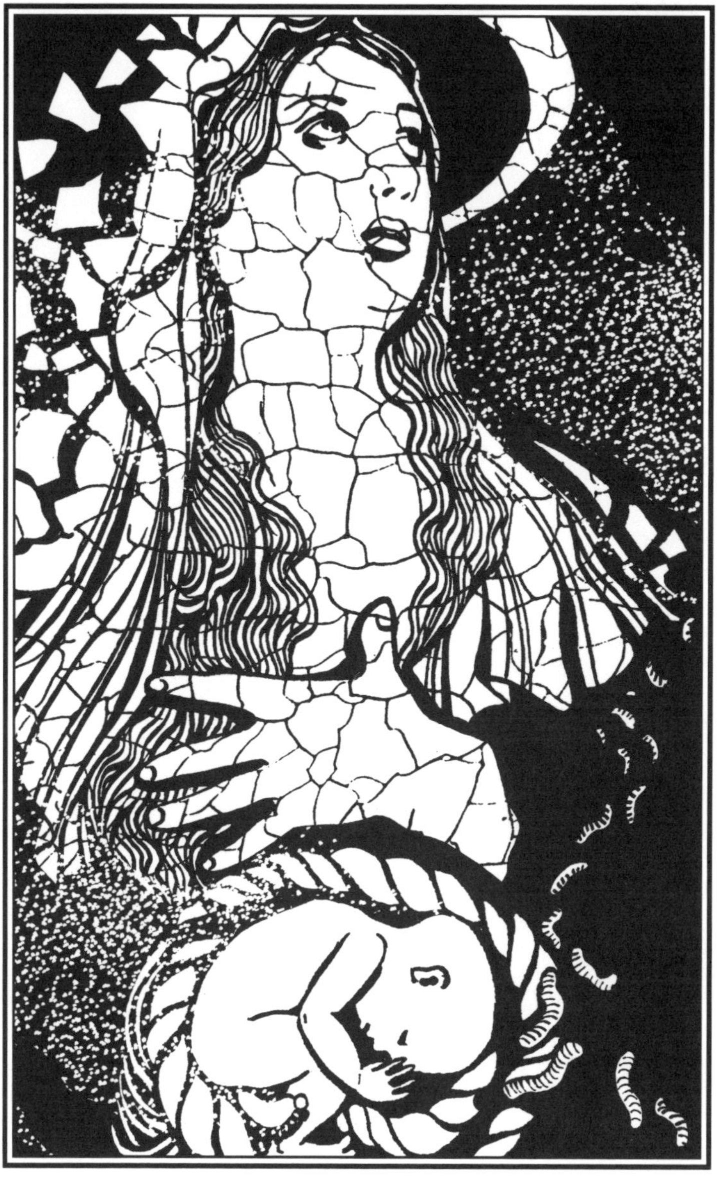

INHALT

9	Mutter und das Meer (*Meeresepiphanie*)
17	Polnische Außerirdische (*Alienologie*)
27	Der Aggregatzustand der Nacht (*Noctomalie*)
37	Vom Wummern und Wimmern (*Nazi-Emergenz*)
45	Die Tiere (*Extraterrestrische Lebensformen*)
57	Der Geruch einer Trümmerfrau (*Stone Tape Theory*)
63	Die Schräge (*Ökokinese*)
77	Der Mann aus dem Meer (*Ichthyoiden*)
89	Schwebezustand (*Astrokalypse*)
97	Invasion (*UFOs: Das große Geheimnis*)
105	Die Blutspur (*Steckdosenanomalie*)
119	Vater Morgana (*Pater Transformata*)
129	Die Vögel (*Ornikinese*)
137	Der Zwilling (*Embryonale Genese*)
149	Tiere wie Hans (*Kryptozoologie*)
161	King Loft (*Immobiliagenese*)
171	Ein Stern namens Monika (*Der Oz-Faktor*)
185	Big AKW (*Elektrische Menschen*)
197	Der Amtsberg (*Akropathie*)

MUTTER UND DAS MEER

MEERESEPIPHANIE

Meine Geschichte klingt seltsam. Das weiß selbst ich. Und ich würde sie für mich behalten, wäre ich nicht so verzweifelt.

Ich bin in den Bergen groß geworden. Meine Knie sind braun und schartig von der ständigen Sonne, denn die Kuppel unseres Berges ragt über die Wolkendecke hinaus. Hier scheint immer die Sonne. Nur zu Weihnachten tragen wir lange Hosen. Wir sprechen langsam, weil jedes Wort ein Echo gibt, das erst verklingen muss, bevor wir das nächste Wort sagen können, sonst würde es vom Echo des vorherigen geschluckt werden, und man verstünde uns nicht. Man versteht uns ohnehin oft genug nicht. Wir sprechen insgesamt langsam, jedes Wort an sich aber hastig und kantig, so dass es kaum von den Talwänden abprallen kann.

Meine Mutter stammt von der See. Mein Stiefvater hat sie in die Berge gelockt, da war ich acht. Meine Mutter hatte es mit den Lungen und gehofft, auf einem Berg werde es besser werden. Mit einem kleinen Pappkoffer, in dem sich das Matrosenhemd ihres Vaters und das zerknickte Bild des Meeres befanden, war sie mit mir hierhergekommen und musste bald schon feststellen, dass sie nicht für die Berge gemacht war. Sie vermisste das Meer derart, dass sie heimlich weinte und ihre Tränen aufbewahrte.

»Tränen und Meerwasser sind gar nicht so verschieden«, erklärte sie mir, und als ich alt genug zum Weinen war, bat sie auch mich zu weinen, damit sie noch mehr Meerwasser zusammenbekam. Sie hatte heimlich hinter dem Haus ein tiefes Loch gegraben, es mit einer Folie aus dem Seeladen ausgekleidet und mit Brettern abgedeckt. Dort versteckte sie ihr Meer vor meinem Stiefvater. Nachts, wenn er schlief, gingen wir mit den Einmachgläsern, in denen wir ihre und später auch meine Tränen sammelten, dorthin und leerten sie darin aus. Manchmal setzte sich Mutter in ihrem Badeanzug hinein, und ich musste das kalte Meerwasser schöpfen und über sie schütten. Musste Rauschen und Möwen nachahmen, Brandung und Gischt. Tatsächlich sah ich meine Mutter selten so glücklich wie in diesen Momenten. Oft machte ich Fotos von ihr, die ich vor meinem Stiefvater versteckte. Er kam aus den Bergen und sagte: »Wennst vonnem Berg kümmen tost, dann konnst gor ni anders als wie dorrer Meeren hasse due.«

Zu Mutter hatte er damals gesagt: »Mi nodder dess Meer.«

Mutter musste ihn einmal sehr geliebt haben. Sie hatte gedacht, sie könne leichter auf das Meer verzichten als auf diesen Mann. Doch nun fehlte ihr das Meer, und mit jedem Tag wurde es schlimmer. War Alois auf der Arbeit, las sie Bücher über das Meer und malte blaue Aquarellbilder. Manchmal ließ sie das Wasser im Badezimmer laufen und lauschte mit geschlossenen Augen dem Rauschen. War es ganz schlimm, erklomm sie den

Meeresepiphanie

höchsten Gipfel und versuchte von dort aus mit einem Fernglas das Meer zu sehen.

Mutter hatte Heimweh, doch alles, was mein Stiefvater dagegen unternahm, war, ihr immer größere Ferngläser zu schenken, durch die sich das Meer aber trotzdem nicht sehen ließ. Unser Berg war zwar hoch, aber das Meer zu weit weg, und Mutters Unmut wuchs. An ihren Geburtstagen lief Alois im Matrosenhemd herum. Es war eines der wenigen Zugeständnisse, und immer häufiger hörte ich die beiden miteinander streiten. Mutter, die schrie: »Ich hab' das Meer für dich aufgegeben, und was hast du getan?« Alois, der etwas antwortete, was ich nicht verstand.

Nicht sehr viel später begann es dann, Mutter wurde krank. Bleich lag sie im Bett und sah aus dem Fenster. Sie hatte mich gebeten, die Beine des Betts abzusägen, damit sie tiefer liege, denn von dort unten sehe der Himmel über den Bergen an manchen Tagen wie das Meer aus. Manche Vögel seien sogar fischähnlich, und jeden Freitag ging ich runter ins Tal auf den Markt, um dort Matjes zu kaufen, die ich an einer Wäscheleine quer durchs Zimmer aufhängte, um ihr Heimweh zu lindern. Doch es wurde nicht besser.

Doktoren kamen. Dralle Männer in kurzen Lederhosen. Sie diagnostizierten alles Mögliche bei ihr. Angefangen von einem Frauenleiden über Bergkoller bis hin zu einer Angina Maris, einer seltenen Krankheit, die sich eben genauso äußere wie bei Mutter, so die Ärzte.

Immer wieder erbrach Mutter. Mir war aufgefallen, dass das, was dann aus ihr kam, salzig roch. Und war es anfangs nur ein Verdacht, so stutzten wir beide, als sie mir eines Tages einen kleinen Fisch präsentierte, den sie am frühen Morgen erbrochen haben wollte und der sich trotz allem bester Gesundheit erfreute. Sie nannte ihn Sabine. Wie ihre beste Freundin, die sie am Meer hatte zurücklassen müssen. Sabine war ein kleiner fröhlicher Guppy, den sie in einem Marmeladenglas unter dem Bett aufbewahrte und der tagsüber, wenn mein Stiefvater in den Bergen war, um Ziegen zu hüten, auf der Fensterbank stand und lustig umherschwamm. Manchmal hörte ich Mutter mit ihm reden. Auch wenn sie noch immer sehr schwach war, so schien die Gesellschaft des Fisches sie doch aufzumuntern. Immer wieder erbrach sie, und noch andere Fische wurden aus meiner Mutter gespült sowie kleine Quallen, Muscheln, ein Seestern, den ich in das Kleine Meer setzte, wie wir unser verstecktes Meer nannten. Wenn wir uns nie ernsthaft um Hilfe bemühten, dann wohl auch, weil Mutters Heimweh ein wenig gelindert wurde. Wann immer ich sagte, so könne es doch nicht weitergehen, bat Mutter mich, noch ein paar Tage zu warten, denn so unheimlich dieser Umstand auch war, so wirkte sie doch glücklicher als in all den Jahren davor. Irgendwie war das Meer zu ihr gekommen. Niemand wusste, wie, und ich grub ein neues Loch, größer als das alte, für Mutters Meer, das sie jeden Tag in Eimern auffing und das ich dann in der Grube entleerte.

Sie hatte mich gebeten, eine Probe ihres Wassers an ein Meeresinstitut in Norddeutschland zu schicken, was ich getan hatte, und kurz darauf kam die Bestätigung: »Sehr geehrter Herr Mulching, bei diesem Wasser handelt es sich zu 99,9 % um Meerwasser. Hochachtungsvoll Ihr Peter Prüssen.«

Mutter weinte, und hatte ich sie auch unzählige Male weinen sehen, so war es diesmal anders. Sie lachte dabei, während sie den Kopf schüttelte, so dass ihre Tränen glitzernd durch das

Zimmer flogen. Als ich wie sonst auch ein Einmachglas holen wollte, um die Tränen zu sammeln, sagte Mutter: »Nee, nee, lass ma. Die nicht.«

Mein Stiefvater merkte nichts von alledem. War er bei den Ziegen, dann trank er, um auf dem Berg nicht seinen Gleichgewichtssinn zu verlieren: »Hatts mittem Drummelfälle zu tun«, erklärte er, »mittes Memmbramm und dorer Dinger.«

Erst am Abend im Tal überkam ihn das Schwanken, und er verlor das Gleichgewicht, wenn er heimkehrte. Er trug eine große Glocke mit sich, die er mit letzter Kraft läutete, kaum war er am Fuße des Berges angelangt. Woraufhin ich mit Boschi, dem Bernhardiner, loslief, um den Stiefvater zurück zur Hütte zu schleifen, wo ich ihn wusch und ins Bett legte, so dass er sich am nächsten Morgen wieder aufmachen konnte auf den Berg. Manchmal ließ ich den Bernhardiner bei ihm schlafen, damit er dachte, Mutter sei bei ihm. Der Stiefvater war glücklich. Mutter nicht.

Mutter schluckte Tabletten gegen Seekrankheit. Sie bat mich, in ihr zu angeln, um das, was da in ihr war, herauszuholen. Sie hockte auf dem Boden, den Kopf in den Nacken gelegt, den Mund weit aufgerissen. Ich stand auf einem Stuhl und ließ mit meiner Angel den Haken samt Wurm in sie hinabgleiten. Wartete, kurbelte ihn dann wieder hoch. Ein Hering hatte gebissen, und ich zog noch mehr aus ihr. Stint und Schlei, Krabben und Krebse.

Nachts, wenn mein Stiefvater schlief, schlich ich zu Mutter, um bei ihr zu wachen. Sie hatte mich darum gebeten. Denn immer würden sich nachts, wenn sie vom Meer träume, Meerestiere aus ihr zwängen, und je größer ihre Sehnsucht werde, umso größer würden auch diese Tiere. Sie hatte Angst, daran zu ersticken. Neulich hatte sie mir einen kleinen Hecht präsentiert, den sie gerade noch rechtzeitig aus ihrer Mundhöhle gezogen bekam. Einen Tintenfisch, den sie hastig zerkaute, um wieder Luft zu bekommen.

So saß ich also in den Nächten bei ihr. Meine Mutter schlief auf dem Bauch, ein Arm und der Kopf über der Bettkante, der Mund weit geöffnet, und tatsächlich fielen immer wieder glitzernde Fische mit einem Platschen aus ihr heraus. Sie zappelten auf dem Schlafzimmerboden und schnappten nach Luft. Ich nahm sie und schmiss sie in den Eimer. Ein paar Nächte ging es so. Wir wussten schon nicht mehr, wohin mit all dem Meer und dem Fisch. Nachts wachte ich, am Tage grub ich. Sah bleich und erschöpft aus. Selbst Alois merkte es und rief: »Moi, siekst bloi oas.« Er schlug mir ein paarmal auf die Wangen, so dass sie sich rot verfärbten. Damit war das Problem für ihn gelöst.

Manchmal war ich so erschöpft, dass ich auf dem Hocker, auf dem ich vor meiner schlafenden Mutter saß und ihr in die dunkle Mundhöhle starrte, einschlief und erst durch das Klatschen und Zappeln des Fischs geweckt wurde. Oder durch Mutter, die mit der flachen Hand gegen das Bett schlug und mich aus großen weißen Fischaugen anzusehen schien, wenn wieder einmal ein Fisch in ihr steckte, so groß, dass sie ihn allein kaum rausbekam. Ich trug Haushaltshandschuhe aus Gummi. Mit denen packte ich die Fische und zog sie mit einem Ruck heraus.

Ein paar Wochen ging es so. Helfen konnte uns niemand. Alois hätte es nicht begriffen. Wir begriffen es ja selbst nicht.

In jener Nacht hörten wir von Ferne ein Fiepen. Erst wussten wir gar nicht, was es war, und dachten, es seien die Berge, die nachts manchmal knackten und pfiffen und sich auszuschütteln schienen, bevor sie dann am nächsten Tag wieder steif und stumm dastanden und unverrückbar taten. Doch als ich mein Ohr auf Mutters Bauch legte, war es noch deutlicher zu hören. Es kam aus ihr. Es war wieder da und wurde lauter.

Mutter hockte auf der Bettkante, die Hände auf die Knie gestützt. Den Mund so weit aufgerissen, wie es ging.

»Was ist es?«, fragte ich noch, doch da sah ich sie schon, die spitze Schnauze eines Delphins, der immer wieder hervorstieß, um sich aus Mutters Mundhöhle zu quetschen. Mutter versuchte ihren Mund mit den Händen weiter aufzureißen. Ihr Gesicht war rot. Die Augäpfel traten hervor. Ihr Oberkörper bäumte sich auf. Die Bewegungen des Delphins wurden zu den Bewegungen meiner Mutter. Bis es plötzlich ein lautes Knacken gab, und der Delphin sich fiepend nach draußen ins Zimmer schob. Mutter schrie laut auf. So laut, dass Alois, betrunken und tumb ins Zimmer wankte. Erst Mutter, dann mich, dann den Delphin ansah.

»Wo's sull dess nu bitte son? A Tümmli? Nuffe a Berg?«

Später saßen wir zu viert in Alois' Wagen. Mutter und Alois vorne. Ich und der Delphin hinten. Niemand sagte etwas. Stunden fuhren wir, bis wir am Meer waren. Dort hielt Alois kurz an, ließ den Motor laufen und wartete, bis Mutter, der Delphin und ich ausgestiegen waren. Dann fuhr er wieder zurück.

Wir hievten den Delphin ins Wasser. Der Delphin fiepte. Mutter lächelte.

POLNISCHE AUSSERIRDISCHE

ALIENOLOGIE

Meine Frau sieht ständig irgendwo Außerirdische. Sie legt es auch darauf an. Oft steht sie am Fenster, tarnt sich, so gut es geht, ist Stehlampe, Vogelbauer, Brokatgardine. Entdeckt sie dann unten auf der Straße einen Außerirdischen, so ruft sie aus Leibeskräften nach mir. Macht anschließend unzählige Fotografien von dem scheinbar Außerirdischen, um durch die Fotos eine Wirklichkeit zu schaffen, mit der sie sich beruhigt. Jedes Mal wieder laufe ich hektisch zu ihr. Mehr aus Angst um meine Frau als aus Neugier. Ihr Gesicht ist fleckig. Sie droht zu hyperventilieren, und nicht nur einmal musste ich sie aus einer Supermarkttüte Normalität atmen lassen.

»Das mit den Außerirdischen ist nicht so gut für dich«, sagte ich.

»Was soll ich denn machen, Hannes, sie suchen den Kontakt zu mir. Ich bin ein Medium, Hannes. Ein Medium. Das kann man sich nicht einfach so aussuchen.«

Die Außerirdischen meiner Frau sehen meist wenig außerirdisch aus. Einmal war es ein alter Mann in einem bekleckerten Kinderanorak, der zusammengesunken auf der Bank gegenüber unserem Haus gesessen hatte. Dann wieder ist es eine Hausfrau gewesen, die ihrer Meinung nach im Supermarkt zu lange vor einem Regal verharrte. Sie stieß mich an, deutete auf die Frau und sagte: »Hannes, das System von der da hat sich aufgehängt.«

Einmal bin ich nach Hause gekommen und sah sie mit einer Gruppe scheinbar Außerirdischer in unserem Wohnzimmer sitzen.

»Das sind Außerirdische, Hannes«, sagte meine Frau und lachte.

Sie schenkte den Außerirdischen, die mit freien, behaarten Oberkörpern auf unserer Wohnzimmergarnitur saßen, Eierlikör nach. Ich sah rote Male in der Größe von Schnapsglasöffnungen auf den Oberkörpern der Außerirdischen, die alles in allem auf mich eher wirkten wie LKW-Fahrer, mit ihren langen, vom Fahrtwind zerzausten Haaren.

»Moink, Moink«, sagte einer der Fahrer. Die anderen lachten.

Auf dem Wohnzimmertisch lagen einige Maßbänder, und einer von ihnen vermaß nun meine Frau, die in ihrer hautfarbenen Unterwäsche auf dem Wohnzimmertisch stand und sich langsam drehte.

»Wir erforschen hier menschliches Leben«, sagte einer, stand dann auf und reichte mir seine Hand. »Hotte.«

»Sie wollen Frauen wie mich nachbilden«, sagte meine Frau, nicht ohne Stolz, »originalgetreu, im Weltall.«

Und Hotte ergänzte: »Wir werden eine ganz Amanda von Ihrer Frau nachbilden, Herr Molocke.«

Eigentlich hätte ich meine Frau zum Arzt gebracht, doch so ganz sicher war ich mir auch nicht. Und dann eines Nachts schien sie tatsächlich einen echten Außerirdischen im Gebüsch gefunden zu haben. Ein rotgesichtiger Mann in fleckiger Jeansjacke, der sich zur Tarnung eingenässt hatte. Sie sah mich langsam an, legte sich den Finger quer über die Lippen, sagte dann tonlos: »Außerirdischer.«

Langsam schlich sie zu ihm, klopfte zaghaft mit dem Schirm gegen seinen Rücken. Und wirklich, es war ein kleines, metallisches Geräusch aus seinem Inneren zu vernehmen.

»Kein Saft mehr«, sagte sie und klemmte den Schirm unter den Arm. »Hilf mir«, befahl sie und packte augenblicklich die Füße des außerirdischen Mannes. Mit dem Kopf deutete sie auf dessen Arme. Nach einem Moment des Zögerns packte ich sie. Gemeinsam trugen wir ihn hoch in unsere Wohnung und legten ihn auf eine Plane ins Wohnzimmer. Der Außerirdische stank nach Alkohol und Urin. »Der muss aufgeladen werden«, sagte sie und begann, ihm seine Kleidung vorsichtig auszuziehen. Anschließend befühlte sie diese, drückte sie sich ins Gesicht, um daran zu riechen. »Täuschend echt«, stellte sie voller Anerkennung fest.

»Was ist, wenn er aufwacht?«

»Der kann nicht aufwachen, Hannes, der muss ans Netz.«

Immer weiter entkleidete sie ihn, und je mehr sie ihm auszog, umso weniger außerirdisch wirkte er. Schließlich lag er in Unterhosen vor uns. Seine Haut war weiß und erinnerte an flockende Milch. Längs über Brust und Bauch stand *Nienawiść*, was Polnisch ist und »Hass« bedeutet.

Petra untersuchte den Mann eingehend.

»Ich suche eine Buchse«, erklärte sie großspurig, nachdem ich sie fragend angesehen hatte, als sie wie selbstverständlich ihre Hand in die Unterhose des Mannes schob und darin herumtastete. Mit einem Ruck riss sie diese herunter und tatsächlich, statt eines Genitals hatte der Mann dort eine Buchse, die sie wenig zu überraschen schien. Eine Buchse, in die sie schließlich, nachdem sie verschiedene Stecker ausprobiert hatte, das Ladekabel ihres Handys steckte. Wir schlossen den Mann ans Stromnetz an und warteten, was geschehen würde.

Auf lange Sicht ist es nahezu unmöglich, allein an Außerirdische zu glauben. Der Druck von außen ist einfach zu groß, das hält ein Einzelner kaum aus. Man braucht mehrere. Auch meine Frau. Sie ist in einer Gruppe.

»Diese Gruppe ist mir wichtig, Hannes«, erklärte sie mir, wenn ich mich wieder einmal weigerte, mit ihr und dieser Gruppe im Sommerurlaub Kornfelder in Europa abzufahren oder ein Wochenende bei einem übergewichtigen Pärchen in Walsrode zu verbringen, das behauptete, Außerirdische würden sie immer wieder heimsuchen. Nur nie, wenn wir dort waren. Weshalb wir immer wieder hinfuhren. Wir schliefen im Wohnzimmer. Es gab Obst mit Sprühsahne. Jede Übernachtung dort kostete fünfzig Euro.

»Diese Gruppe ist wie ich, und manchmal glaube ich, in ihr gefunden zu haben, wonach ich bei dir gesucht habe, Hannes.«

Diese Gruppe nannte sich »Pinneberger Außerirdischen e. V.«, und jeden Sonntag kamen nun alte, nach Räucherfisch riechen-

Alienologie

de Menschen in unser Wohnzimmer und breiteten verschwommene Fotos auf dem Couchtisch aus, auf denen sie irgendwelche Phänomene entdeckt haben wollten. Meist handelte es sich dabei um helle verschwommene Flecken vor dunkel verschwommenem Hintergrund, die man meist als Raumschiffe deutete. Seltener einfach nur eine PA nannte, eine *Paranormal Appearance*. Hin und wieder machte einer aus der Gruppe den Fehler zu behaupten, er könne auf dem Foto überhaupt nichts erkennen, woraufhin sich die Übrigen auf ihn stürzten und brüllten: »Das sieht man doch gleich, dass das was Außerirdisches ist, du Idiot!«

Sie kamen morgens, es gab Mett. Sie blieben, bis es dunkel wurde, aßen Ei und Marshmallows und starrten meist nur schweigend den Himmel an, in der Hoffnung, etwas erscheine ihnen, da sie ja nun transzendentale Kraft bündelten. Aber eigentlich geschah nie etwas. Nie, und gegen Mitternacht fuhr ich die alten Menschen dann wieder in ihre Heime. Manchmal wartete ich noch, bis das alte, runzlige Gesicht an einem der vergitterten Fenster in einem der oberen Stockwerke auftauchte und traurig in den dunklen Himmel starrte. Einer weinte einmal auf der Rückbank, und ich tröstete ihn dann damit, dass er irgendwann bestimmt noch mal was Außerirdisches sehen werde.

»Aber ich bin doch schon so alt«, sagte er.

Ich seufzte.

Einmal hatte ich einen ganzen Sonntag in einem weißen Overall und mit Badekappe in einem Gebüsch gekauert. Ich wollte ihnen eine Freude machen. Doch es kam nicht gut an bei der Gruppe: »Außerirdischerei ist kein Kindergeburtstag, Herr Molocke.«

Im Sommer mieteten sie Busse, und dann fuhren wir Stellen an, an denen andere UFOs gesehen haben wollten. Wir waren viel im Wald und auf Feldern, von denen uns die Bauern dann vertrieben. Alle machten immer Fotos von der Stelle, an der mal etwas gewesen sein soll und nun nichts mehr war. Immer wieder umarmte sich die Gruppe, damit jeder ein Bild von der sich umarmenden Gruppe machen konnte, die sich an einer Stelle umarmte, wo vielleicht einmal etwas gewesen, nun aber nichts mehr war. Auf den Fotos sagen alle »Schade« in Richtung der Kamera.

Sie haben im Grunde noch nie etwas entdeckt. Nur das eine Mal. Die verkohlte Hand. Die verkohlte Hand sieht eher nach einem verkohlten Vogel aus, doch Herr Busdorff, der Vorsitzende, ist sich sicher: »Mit einiger Gewissheit kann ich sagen, dass dies die Hand einer extraterrestrischen Lebensform ist.«

Wer in den Verein will, muss diese Hand berühren. Sie tauchen die verkohlte Hand in Kaffee, berühren mit ihr die Speisen, die sie essen. In der Hoffnung, es würde nun in ihrem Leben etwas anders werden. Hin und wieder kommt es zu Ausschlägen in der Gruppe, Ekzeme, die die anderen zu deuten versuchen.

»Das sind Nachrichten aus dem Jenseits«, heißt es dann immer.

»Hallo, liebe Freunde, wir tun euch doch nichts. Eure Außerirdischen Freunde. Gabba Gabba Hey«, las einer einmal aus dem nässenden Leistenekzem meiner Frau.

Und nun saß diese Gruppe dicht gedrängt bei uns auf dem Sofa und starrte diesen scheinbar außerirdischen Mann an. Sie wirkten ängstlich. War diese Gruppe sonst wie eine Plastiktüte voller Kanarienvögel gewesen, so war sie nun wie ein Beutel mit Fisch. Alles, was sie taten, war zu rauchen.

Langsam stand der Vorsitzende auf, nahm ein Stethoskop, das er sich in die Ohren klemmte und dann über dem Mann baumeln ließ. Mit der Fußspitze drückte er in dessen Lenden.

»Außerirdisch«, flüsterte er, »kein Zweifel.« Schnell setzte er sich wieder zu den anderen auf die Sitzgruppe.

Alle ließen ein Foto von sich machen, wie sie hinter dem Außerirdischen hockten. Schließlich beriet man darüber, was zu unternehmen sei. Niemand wollte ihn mit nach Hause nehmen.

»Im Heim sind Außerirdische nicht erlaubt«, erklärte Herr Glörsecke ernst.

»Tragen wir ihn doch einfach wieder zurück ins Gebüsch«, schlug meine Frau vor, und ich hatte schon die Beine des Mannes gepackt, als Herr Rorleder einwarf: »Wir müssen auch an die Wissenschaft denken.«

Alle nickten. Manche wiederholten murmelnd, was Herr Rorleder gesagt hatte. Schließlich fuhr man ihn zu dem Pärchen aus Walsrode, vor dessen Haustür man ihn ablud, klingelte und schnell davonlief.

Zumindest zwei Menschen hat die Gruppe auf diese Weise sehr glücklich gemacht. Noch immer fahren wir in den Ferien zu ihnen, schlafen auf dem Boden und essen Obst mit Sprühsahne. Für fünfzig Euro mehr darf man neben dem Außerirdischen schlafen, den auch sie an eine Steckdose angeschlossen haben und der sich noch immer nicht gerührt hat. Sie haben ihn grün lackiert und ihm Fliegenaugen aufgemalt. In einer Nacht meinte ich, ihn neben mir seufzen gehört zu haben.

DER AGGREGATZUSTAND DER NACHT

NOCTOMALIE

Seit das Atomkraftwerk dort stand, war vieles anders geworden. Zwei Jahre hatten sie daran gebaut, und wir hatten ihnen von unserem Schlafzimmerfenster aus dabei zugesehen. Hatten da schon kaum noch schlafen können. Es hatte viel Protest gegeben, und dadurch angestachelt, hatten sich Bauarbeiter und Architekten sehr viel Mühe gegeben, den Bau in Form und Farbe Deich und Schafen anzupassen, so dass das Atomkraftwerk nun tatsächlich kaum auffiel. Nur nachts merkte man, dass etwas anders war. Gerade nachts. Diese Schlaflosigkeit. Oft standen wir dann am Fenster, rauchten Kette, bis uns schwummrig wurde, und starrten diese helle, lammfarbene Kuppel an. Naomi schlief fast gar nicht mehr, seit das Atomi, wie sie es nannte, dort stand.

»Es spaltet die Atome meiner Träume. Ganz egal, von was ich auch träume, es zerbröselt wie Trockenerbsen.«

Etwas geschah. Auch das Haus schien es zu spüren. Es ächzte, und das Knacken, das schon immer da gewesen war, schien zuzunehmen. Atome, die geknackt wurden wie Haselnüsse. So stellte sie sich das zumindest vor. Jeden Tag saugte Naomi das Haus und schüttete den Inhalt auf ein weißes Blatt Papier.

»Atome«, sagte sie ernst, wenn sie mir ihre Ausbeute präsentierte. »Das Atomi spaltet Atome aus unserem Leben ab. Alles löst sich auf, Peter. Alles löst sich auf.«

Ich nickte ernst. Naomi hat studiert. Ich habe mir vieles selbst beigebracht.

Ständig streckte sie nun die Hände aus, als würde sie sich an einem imaginären Feuer wärmen.

»Peter, ich bin wie ein Geigerzähler«, sagte sie. »Ich spüre die Strahlung richtig.«

Überall hielt sie ihre Hände hin und begann zu summen oder zu fiepen, je nachdem wie stark die Strahlung ihrer Meinung nach dort war. Sie hielt die Hände in Schränke, unter das Bett, in meine Schallplattensammlung, draußen in die Erde und kam jedes Mal zu dem Schluss, dass alles bereits sehr, sehr stark verstrahlt sei. Wir verzichteten auf Strom, so gut es ging.

»Peter, wir können die nicht auch noch unterstützen«, sagte sie ernst, wenn wir wieder einmal den Abend im Dunkeln verbrachten und uns nichts blieb, als die glimmende Kuppel anzustarren. Sie hatte begonnen einen Taucheranzug zu tragen.

»Damit die Strahlung mich nicht kaputtspaltet, Peter«, sagte sie.

Immer wieder legte sie ihre Hand unter ein Mikroskop aus dem Internet und war jedes Mal entsetzt, weil sie der Überzeugung war, dass ihrer Hand Partikel fehlten, und zwar zunehmend mehr.

»Ich löse mich auf. Bald bin ich nicht mehr, Peter.«
Sie umklammerte mich, als könne ich etwas dagegen tun, dass ihre Atome sich spalteten und von ihr abfielen.

Ich weiß nicht, ob wir weggezogen wären, hätten wir das nötige Geld dafür besessen. Doch das Haus war noch nicht abbezahlt, und wir verdienten ja kaum noch Geld, weil wir fast gar nicht mehr rausgingen. Früher hatten wir biologische Sachen auf dem Markt verkauft. Das taten wir nun nicht mehr. Eine Zeit lang war sie noch dorthin gefahren und hatte Batik-T-Shirts und Puschen verkauft, auf die sie ein lachendes Atomkraftwerk gemalt hatte, das fröhliche Strahlen aussandte. »Atomi« hatte sie darunter geschrieben. Sie verkaufte nur wenig.

»Einer muss immer zu Hause bleiben, Peter«, sagte sie. Aber meist blieben wir beide zu Hause. »Falls die Strahlung kommt.« Vor jedem Fenster, jeder Tür standen Stahlplatten, die wir in Windeseile hatten davor schrauben müssen, wenn die Atomflut kommen würde, um unser Leben zu überfluten.

Manchmal glaubte ich, dass wir, beziehungsweise sie, das Ganze etwas übertrieben. Zumal wir erfuhren, dass das AKW noch gar nicht in Betrieb war. Erst etwas später wurde es eingeschaltet und eingeweiht: mit einem großen Kinderfest, auf dem Gaukler als Strom und Atom verkleidet allerhand Kunststücke vollführten.

Danach wurde es schlimmer für uns. Hatte ich dieser ganzen Angst anfangs etwas skeptisch gegenübergestanden und Naomis Reaktion als übertrieben abgetan, spürte ich nun deutlich, dass etwas mit uns und unserer Umgebung geschah. Etwas von uns wurde da tatsächlich abgespalten. Anfangs dachte ich, es liege an meinen Augen, dass ich uns nur noch unscharf sah. Doch alles andere, die Schrankwand mit den Ratgebern, die Sauerstoffflaschen, all das sah ich gestochen scharf. Nur Naomi und ich verschwammen, die Konturen begannen mit der Umgebung zu verschmelzen, als löse sich unsere Oberfläche auf, und tatsächlich fühlten wir uns porös an.

Wir saugten das Haus täglich und untersuchten dann, was wir aufgesaugt hatten. Der Staubsaugerbeutel war immer gefüllt. Mit einer Pinzette sezierten wir den Inhalt, nachdem wir ihn auf ein Blatt Papier geschüttet hatten. Es war jedes Mal ein kleines Häufchen, ganz egal, wie oft wir saugten, und es schien anfangs schwer vorstellbar, dass das wirklich Teile von uns sein sollten. Staubpartikelgroße Pigmente, die das Kraftwerk von uns abgespalten haben sollte. Wir sortierten sie nach Farben, und wirklich, der Haufen mit den hautfarbenen Partikeln war immer am größten. Wir kochten alles in Wasser auf und tranken es dann in großen Schlucken.

»Um uns nicht zu verlieren, Peter«, sagte Naomi mit weit geöffneten, ernsten Augen, die bereits von ihrer glänzenden Oberfläche eingebüßt zu haben schienen. Ich spiegelte mich kaum noch darin.

Wir wogen uns mit immer exakteren Waagen. Wir hatten Hefte, in die wir unser Gewicht eintrugen, und Naomi zeichnete eine Kurve an die Wand des Schlafzimmers, die uns nur allzu deutlich zeigte, dass wir uns verloren. Schlimmer noch, über kurz oder lang verschwinden würden. Von der Atomkraft rausgeschmirgelt aus dem Leben.

Morgens fühlte sich das Bett sandig an. Partikel von uns, die wir verloren hatten, weil das Atomkraftwerk nachts stets auf

Hochtouren arbeitete. Es glomm dann hell, und manchmal schien es so viel Strom zu produzieren, dass es vor Anstrengung ein wenig vibrierte und sein Anblick grell verschwamm. Mit einem großen Vakuumierer schweißten wir Körperpartien, so gut es ging, in Folie ein. Ein verzweifeltes Unterfangen.

In einer Nacht wurde ich wach, weil Naomi laut schrie. Sie hustete und fasste sich an den Hals. Was los sei, wollte ich wissen, doch noch immer hustete sie und konnte nicht sprechen. Unruhig sah sie sich im Zimmer um. So als wäre da noch wer mit uns im Raum.

»Was ist denn?«, fragte ich, nun deutlich beunruhigt, da ich sie so noch nie gesehen hatte.

»Ich weiß nicht«, presste sie schließlich heiser hervor. Sie machte die Nachttischlampe an. »Etwas ist mit der Nacht«, sagte sie. »Ich glaube, sie wird größer.«

Ich verstand nicht. Aber bevor ich nachfragen konnte, war sie bereits aufgestanden, und ich hörte sie die Treppen nach unten gehen. Dann waren Geräusche aus der Küche zu vernehmen. Die Tür zur Abseite wurde geöffnet.

Ich machte meine Nachttischlampe an und drehte ihren Schirm so, dass das Licht ins Zimmer leuchtete. Ich betrachtete die Luft. Oder versuchte das zumindest. Ich kniff die Augen zusammen. Atmete dann tief ein und schmeckte, ob etwas in meinem Mund zu spüren war. Vielleicht war ich durch Naomi ein wenig sensibilisiert, aber ich hatte das Gefühl, da sei wirklich etwas in meinem Mund. Etwas Körniges. Nicht so extrem wie Sandkörner, aber deutlich spürbar. Ich leckte über meinen Handrücken. In meinem Speichel schwammen kleine schwarze Kügelchen.

Naomi warf mir eine der Gasmasken zu, mit denen sie wieder hochgekommen war. Anschließend lief sie langsam mit der Plastiktüte, die sie ebenfalls mitgebracht hatte, durch das Zimmer und fing Luft darin ein.

»Mit der Nacht stimmt etwas nicht«, sagte sie gepresst durch die Gasmaske und knotete die Tüte zu, die sie anschließend auf den Nachttisch legte. Eine Tüte voll falscher Nacht.

Sie löschte das Licht, und den Rest der Nacht saßen wir beide nebeneinander auf dem Bett und warteten darauf, dass die kaputte Nacht verschwand, Naomi am Morgen den Defekt finden und die Nacht im besten Falle reparieren konnte. Immer wieder war ihr schweres Darth-Vader-eskes Atmen zu hören. Die perfekte Untermalung für eine defekte Nacht.

Am Morgen nahm Naomi die Maske ab und sagte, dass nun alles wieder normal sei. Ich starrte sie an. Die Maske hatte dunkelrote Abdrücke in ihrem Gesicht hinterlassen, die mir nicht wirklich das Gefühl gaben, dass nun alles wieder in Ordnung war. Trotzdem nahm auch ich die Maske ab. Die Luft schmeckte seltsam.

Sie schlug meine Bettdecke beiseite, nahm dann die Plastiktüte und knotete sie vorsichtig auf. Sie stülpte ihr Innerstes nach außen. Dunkle Partikel rieselten auf mein Bettlaken. Kurz war ich versucht, etwas zu sagen, aber Naomi schien so vertieft, dass es ohnehin sinnlos gewesen wäre. Außerdem wollte ich sie nicht stören. Zu neugierig war ich. Asche, dachte ich. Doch Naomi nahm mit der Fingerkuppe ein paar der Partikel auf, roch daran, rieb sie dann zwischen ihren Fingerkuppen.

»Das ist Nacht«, sagte sie.

Ich nahm ebenfalls ein paar der Partikel und tat so, als betrachtete ich sie eingehend. Schließlich leckte ich daran. Naomi schien beeindruckt. Mit geschlossenen Augen schmatzte ich geräuschvoll, so wie man Wein verköstigt. Es schmeckte genauso, wie es das getan hatte, als wir noch nach draußen gegangen sind, vor der Zeit des AKWs, und nachts mit offenem Mund auf dem Deich gestanden und uns die Nachtluft in den Mund hatten wehen lassen.

»Ich glaube, der Aggregatzustand der Nacht verändert sich«, erklärte Naomi ernst. »Aus lose wird langsam fest.«

Ich verstand nicht.

»Aus der Nacht wird ein fester Stoff, Peter«, sagte sie. »Die Atome verändern sich durch das Atomi. Die Nacht wird fest. Jetzt noch ist die Konsistenz der Nacht wie aus Staubpartikeln gemacht. Doch bald werden daraus so etwas wie Styroporkügelchen.« Die letzten Worte flüsterte sie gespenstisch.

»Und was machen wir dann?«, fragte ich, ohne dass es mir gelang, mein Entsetzen zu verbergen.

»Ersticken«, sagte sie lapidar. »Wir werden an der Nacht ersticken.«

Ängstlich sahen wir an jenem Abend der Sonne beim Untergehen zu. Wir sahen die Nacht nicht nur, wir spürten sie auch. Wie sie erst wie feiner Sand auf das Dach des Hauses rieselte und schließlich auch im Haus alles mit einer feinen Nachtschicht überzog. Die Möbel, den Boden, einfach alles.

Es ließ sich nicht vermeiden, wir atmeten die Nacht, und ich musste daran denken, dass wir Nachtlungen bekommen würden. Anfangs war es noch auszuhalten, doch irgendwann war die Nacht so dicht, dass wir nur noch flach atmeten. Unter den Gasmasken war es kaum auszuhalten, noch immer war der Geschmack der Nacht in meinem Mund.

Kurz hatte ich das Fenster geöffnet, in der Hoffnung, es würde helfen. Idiotisch, ich weiß. Sie hatte mich angeschrien, ob ich wahnsinnig geworden sei, und tatsächlich war es schlimmer geworden, wie ein Sandsturm, der dunkel ins Zimmer blies. Ich hatte große Mengen Nacht auf den Boden rieseln hören. Dann saßen wir mit Gasmasken da und sahen fassungslos zu, wie immer mehr der Nacht auf unseren weißen Schlafzimmerboden rieselte.

Am nächsten Morgen war der Boden mit einer schwarzen Schicht bedeckt. Dunkle Nachtkörner, die wir schnell aufsaugten und von den Möbeln wischten. Um die darauffolgende Nacht einigermaßen zu überstehen, atmeten wir aus Sauerstoffflaschen. Die Nacht schien da schon aus hagelgroßen Körnern zu bestehen, die laut gegen das Fenster und auf das Dach des Hauses prasselten. Draußen war nun kaum noch etwas zu sehen, so dicht fiel die Nacht vom Himmel auf die Deiche und Schafe. Alles wurde schwarz. Selbst das AKW. In weiter Ferne war porös der Mond auszumachen, der in hellen sprühregenartigen Partikeln auf die Erde rieselte, die, kurz bevor sie den Boden berührten, zu verglühen schienen. Als würde am Mond geschweißt.

Am nächsten Morgen waren das Schlafzimmer und sämtliche Räume wie mit einer schwarzen Schneeschicht bedeckt. Es schien, als hätten sich die Kügelchen miteinander verbunden zu einer matschartigen, kühlen Substanz, die nur schwer vom Boden zu lösen war. Mit Schneeschiebern und Höhensonnen versuchten wir der Nachtmassen Herr zu werden. Vergebens.

Auch die Metallplatten, die wir in der kommenden Nacht auf die Fenster geschraubt hatten, halfen nicht gegen die Nacht. Sie kam trotzdem.

»Finnland«, sagte Naomi einmal, »in Finnland ist es selbst dann noch hell, Peter, wenn das hier bei uns schon längst dunkel ist.«

Wir wussten da schon nicht mehr, wohin mit der Nacht. In schwarzen Müllsäcken stellten wir sie vor das Haus und sahen zu, wie die Müllmänner sie fluchend in das Müllauto schmissen und mit ihr davonfuhren. Doch jede Nacht schien es mehr Nacht zu werden, sie schien an Masse zu gewinnen. Schließlich gaben wir das untere Stockwerk des Hauses auf und schippten die Nacht einfach nur die Treppe hinunter.

»Aus den Augen, aus dem Sinn, Peter«, sagte Naomi voller Hoffnung, doch bald schon stand die Diele voller Nacht, die dort nun fest zu werden schien und die Treppe hinauf einen Hang bildete. Eine Art Nachtgletscher. Fledermäuse wurden von der Nacht angelockt. Wir hörten sie immer wieder gegen die Fensterscheiben fliegen.

Ich glaubte, dass die Nacht am Tage etwas schmolz. Doch nicht genug, um sie gänzlich verschwinden zu lassen. Bald würde es Sommer werden. Doch ich wusste nicht, ob wir so lange durchhalten würden. Irgendwann stand nicht nur die Diele voller Nacht, sondern wir verloren einen um den anderen Raum des Obergeschosses an die Nacht, und schließlich blieb nur noch das Schlafzimmer, das wir hartnäckig gegen die Nacht zu verteidigen versuchten. Die Tür ließ sich nicht mehr öffnen. Die

Nacht drückte von der anderen Seite dagegen. Rann aus dem Schlüsselloch ins Zimmer. Wir hatten die Nachttischlampen vor der Tür aufgestellt, so dass ihr Licht durch das Schlüsselloch fiel und die Nacht vertrieb. Doch irgendwann stand so viel Nacht im Haus, dass sie sogar durch die Wände drückte, die von der Nacht aufgeweicht und nachgiebig schienen. Winzige Partikel drangen aus den Poren der Wände ins Schlafzimmer. Es war nur noch eine Frage der Zeit, bis die Nacht uns überwältigen und unter ihrer Last begraben würde.

Wir nahmen nicht viel mit. Die Sauerstoffflaschen. Die Taucherbrillen. Die Gasmasken. Mit dem Auto wollten wir uns nach Finnland aufmachen. Dorthin, wo immer Sommer sein sollte, die Sonne nicht unterging und wo es im Moment keine Nacht gab. Wir hatten die Hoffnung, je weiter wir uns vom AKW wegbewegen würden, umso intakter wäre die Nacht. Vielleicht reichte ja schon Flensburg.

VOM WUMMERN UND WIMMERN

NAZI-EMERGENZ

Dieses Wummern hörte ich auch nachts. Vor allem nachts. Es kam aus dem Keller. So wie sämtliche Geräusche nachts aus dem Keller zu kommen scheinen. Gerade nachts. »Ein Stampfen«, hatte ich meine Frau einer Nachbarin davon berichten hören, aber ich fand, dass es eher wie ein Wummern klang. Als marschiere nachts jemand unten im Haus auf und ab, auf und ab. Anfangs dachten wir, dass wir nur geträumt hätten. Nur dass wir im Grunde nie träumten. Wir sahen ja noch nicht einmal mehr fern.

Nachdem es zwei Wochen so gegangen war, bat sie mich eines Nachts nachzusehen. Wieder war es da gewesen, dieses Wummern. Beide hatten wir es hören können und taten doch so, als schliefen wir. Wir mochten Unvorhergesehenes nicht. Es machte uns Angst, und meist ignorierten wir es, bis es wieder von allein vorüber war. Doch dieses Wummern verschwand einfach nicht, so dass ich schließlich aufstand und nach unten ging, um nachzusehen. Sie solle besser oben warten, hatte ich großspurig gesagt, war dann aber enttäuscht gewesen, dass sie es wirklich tat.

Das Unten in unserem Haus halten wir hinter einer braunen Holztür verschlossen. Ein Herz aus Stroh hängt daran und beginnt zu schaukeln, wenn einer von uns dahinter verschwindet. Das Unten ist ein muffig riechender Raum mit einer Glühbirne oben an der Decke und zwei Türen. Hinter der einen befindet sich die Heizungsanlage, hinter der anderen war jetzt wieder das Wummern zu hören.

Ich machte Licht und rief: »Hallo!« Doch statt einer Antwort setzte das Wummern nur kurz aus, um anschließend heftiger als zuvor weiterzuwummern. Ich schlug gegen die Tür und sagte noch einmal: »Hallo.«

Diesmal wummerte es anschließend nicht nur, sondern es hämmerte nun ebenfalls von innen gegen die Tür, so dass ich schließlich, nach kurzem Zögern, aufschloss.

Auch wenn es anders scheinen mag, ich bin noch nie besonders mutig gewesen, und wäre hinter dieser Tür jemand gewesen, der nach meinem Leben trachtete, so hätte ich es ihm widerstandslos überlassen. Wer an Gott glaubt, muss nicht mutig sein, denn alles ist gottgewollt.

Ein alter, halb nackter Mann in einem zu großen Schlüpfer stand in der Mitte des Raums und sah mich bucklig an. Mit einer Hand hielt er sich an dem alten Trimm-dich-Rad fest, mit dem Zeigefinger der anderen zeigte er auf mich.

Wir hatten unsere Eltern früh bei einem Eisenbahnunglück verloren. Wir hatten uns in einer Selbsthilfegruppe für Hinterbliebene von In-Zügen-Verunglückten kennengelernt. Es gab also eigentlich keine alten Leute in unserem Leben. Ich hatte nicht die geringste Ahnung, wer dieser Mann war.

»Ich bin ein Nazi«, entgegnete er, ohne dass ich ihn gefragt hatte. »Dein Nazi, um genauer zu sein, und ich bin nicht erst seit gestern hier, sondern schon dein ganzes Leben, wenn du verstehst, was ich meine. Jeder hat einen Nazi im Keller. Viele hören gar nicht, dass er da ist, und manche überstehen das Leben, ohne jemals von seiner Existenz zu erfahren. Andere dagegen suchen richtiggehend nach ihm, denn manchmal ist einem in der Einsamkeit selbst ein Nazi recht. Vermutlich hast du das Wummern gehört. Nun, das war ich.«

Er marschierte einmal um das Rad herum, um mir zu zeigen, wie er wummerte, blieb dann wieder davor stehen.

»Was wollen Sie?«, fragte ich.

»Nun, erst einmal mit nach oben, bitte schön. Hier unten ist es sehr unangenehm. Selbst als Nazi. Hunger hab' ich auch.« Er zog an seinem Bauch, so dass dieser wie ein Zelt aus ihm herausstand. »Und wenn du einen Schlüpfer hast, ist das sicher auch nicht verkehrt. Dieser ist einmal weiß gewesen. Als er ihn sich ein Stück herunterzog, konnte ich sehen, dass er von innen braun war. Doch das war nicht alles. Ich hatte Nazis noch nie nackt gesehen und war überrascht, dass dieser nun anstatt eines Penis ein Gebilde dort wuchern hatte, das aussah wie eine Blume aus Fleisch. Ein langer schwieliger Stängel, an dem ein Kopf mit kleinem Gesicht befestigt war, der sich nun langsam aufrichtete und zu singen begann. Die Stimme war sehr schrill und hoch, als er davon sang, dass alle, alle, alle Menschen auf dieser We-he-lt sich sehr, sehr lieb haben sollen. Der Nazi bekam währenddessen Farbe ins Gesicht und versuchte, das singende Gebilde unter seinen Händen zu verbergen. »Das ist nichts«, rief er laut, um den Gesang zu übertönen. »Gar nichts!««

»Ach, das ist nur ein Nazi«, erklärte ich meiner Frau. Fast klang es beiläufig, als ich mit dem nackten alten Mann oben im Schlafzimmer stand und im Schrank nach einem Schlüpfer für ihn suchte.

»Grüß Gott«, begrüßte er sie und war versucht, ihre Hand zu ergreifen, die sie aber scheu unter der Bettdecke vergrub.

»Was hat er denn in unserem Keller gemacht«, fragte sie, ohne ihn dabei aus den Augen zu lassen. Auch sie hatte noch nie einen nackten Nazi gesehen. Jedenfalls soweit ich wusste.

»Nun«, erklärte ich, »jeder hat wohl einen im Keller, und wenn man ihn hört, geht man und holt ihn hoch ins Haus. Viele haben das. Wirklich, fast alle. Das ist jetzt nichts Besonderes.«

Der Nazi nickte ernst und setzte sich auf die Bettkante. Angewidert zog sie ihre Bettdecke unter seinem nackten Hintern weg und fragte mich, was wir nun mit ihm anstellen sollten. Fast wirkte er etwas schüchtern, wie er nackt dort saß. Gar nicht wie ein Nazi. Jetzt war auch wieder das feine, singende Stimmchen zu hören, das diesmal von braun gestreiften Hummeln sang.

»Was ist denn das?«, fragte meine Frau aufrichtig überrascht.

Er solle es ihr zeigen, bat ich ihn.

Nach anfänglichem Widerwillen nahm er schließlich kurz die Hände aus dem Schoß und zeigte meiner Frau das singende Ding.

»Ach, das ist ja süß«, rief sie entzückt aus, »eine singende Penisblume.«

Ich glaube, die Verzückung meiner Frau war ihm fast das Unangenehmste.

»Nun ist aber gut«, sagt er scharf. »Schlüpfer, bitte.«

Sie hatte sich über den muffigen Geruch beklagt. Dass er ja auch schon eine ganze Weile dort unten im Keller gewesen sei, entgeg-

Nazi-Emergenz

nete ich. Sie sah mich verwundert an, und das war das erste Mal, dass auch ich für einen Moment an alledem zu zweifeln begann.

»Wie ist er denn eigentlich überhaupt da hingekommen?«, wollte sie wissen, und da auch ich das wollte, richtete ich die Frage an ihn. Wir hatten ihn in die Wanne gesteckt und waren dabei, ihn abzuseifen. Wir hockten vor ihm.

»Nun, ich stamme noch von ihren Großeltern, die dieses Haus einmal bewohnt haben. Nach dem Krieg haben die meisten versucht, die Nazis loszuwerden, und sie raus aus den Städten in die Wälder zu den Tieren getrieben. Tiefe Wälder, darin große Tiere. Auch Nazis kennen Angst, und viele haben versucht, sich zu verstecken, um nicht in den Wald zu müssen, zu den Tieren. So auch ich. Ich habe die ersten Jahre in einem Tonkrug aus Teneriffa überlebt. Habe mich von Kellerasseln und anderen Dingen mit Beinen ernährt. Nach ein paar Jahren habe ich dann angefangen, auf mich aufmerksam zu machen. Doch es ist nie jemand gekommen. Und fast schon, fast schon hätte ich es aufgegeben. Doch dann kamen Sie.« Er lächelte. »Ich heiße übrigens Horsst. Mit zwei S. Wie Wessel.«

Horsst schlief bei uns im Bett. Zwischen uns, und wann immer wir uns noch liebten, drehte er sich auf den Bauch und hielt sich die Augen zu, bis wir fertig waren.

»Liebe, das ist nichts für Nazis«, sagte er anschließend, wenn wir zu dritt nebeneinanderlagen und Zigaretten rauchten.

Sie kochte Hausmannskost für Horsst, während ich draußen mit ihm Tiere fing, die er in engen Verschlägen hielt und denen er beim Abmagern zusah.

»Glück ist eine Relation«, sagte er. »Man kann glücklich werden, ohne dass sich am eigenen Leben etwas ändert. Am Leben der anderen muss sich dafür etwas ändern.«

Mit leuchtenden Augen stand er da draußen im Garten vor mir. Er musste laut sprechen, damit ich ihn trotz des Wimmerns der hungernden Tiere überhaupt hörte. Er trug einen alten, gestreiften Pullover von mir, dazu eine dunkle Cordhose, die mir einmal viel bedeutet hatte. Es war merkwürdig, ihn in meinen Sachen vor mir stehen zu sehen und solche Dinge sagen zu hören.

»Das ist wie mit dem Einäugigen. Ich bin lange dieser Einäugige gewesen, weil ich die anderen blind gemacht habe. Verstehst du das?« Er hielt sich ein Auge zu, fixierte mich mit dem anderen. Dann hielt er sich beide zu und forderte mich auf, mir ein Auge zuzuhalten.

»Wie fühlst du dich jetzt?«, fragte er mich, nachdem er sich vergewissert hatte, dass ich auch tatsächlich tat, wozu er mich aufgefordert hatte.

»Nun«, sagte ich, »im Grunde weiß ich nicht wirklich, was du meinst?«

Zwei Wochen später war er verschwunden. Lange Zeit hörten wir nichts von ihm, bis nach einem halben Jahr dann eine Postkarte eintraf, auf der man zwei dunkelhäutige Frauen nackt Wasser holen sah.

»Ich bin es«, schrieb er. »Horsst. Ich hab es bei euch nicht gut aushalten können. Und irgendwie hab ich schon immer gewusst, dass ich mal raus muss aus Deutschland. Faschismusmäßig ist hier nicht mehr viel zu holen, und ich will nun in der Fremde mein Glück versuchen. Ich genieße die Freiheit, nach all den Jahren in eurem Scheißkeller. Wenngleich Freiheit auch immer

Ferne bedeutet, und Ferne fast immer mit Ausländern zusammenhängt. Aber dort, wo ich bin, geht es. Alle hier sind ständig nackt, und nackt merkt man das gar nicht so. Das mit der Andersartigkeit, meine ich. Hinzu kommt, dass auch ich mich verändert habe. Ich bin brauner geworden. Falle hier kaum noch auf. Manchmal wünsche ich mir, frühere Kameraden könnten mich so sehen. Ich glaube, ich weiß jetzt, dass das alles falsch war, mit diesem ganzen Hass. Wir haben's einfach nicht besser gewusst. Andersartigkeit, das weiß ich nun, hat auch immer mit dem Betrachtungswinkel zu tun. Hier zum Beispiel bedeutet Horsst ›der, dem die Sonne im Herzen scheint‹. Das habe ich nicht gewusst. Ich habe immer gedacht, Horsst bedeutet Horsst, und alles ist das, was es vorgibt zu sein. Na ja, auch Nazis machen Fehler. Nur dass jetzt die Zeit vorbei ist, in der man sich anschließend in Pferdedecken einrollen und verbrennen lassen muss. Man kann es nun einfach zugeben. Aber nicht nur das – ich lebe sogar mit einer schwarzen Frau zusammen. Sie sieht so aus wie die beiden auf der Karte, und sie scheint tatsächlich etwas für mich zu empfinden. Etwas anderes als Angst, meine ich. Das hat mir anfangs Angst gemacht. Doch nun habe ich mich daran gewöhnt und empfinde auch etwas für sie. Etwas, was ich nicht wirklich benennen kann. Es fühlt sich ähnlich an wie Hunger. Nur dass es nicht besser wird, wenn ich etwas esse. Und da habe ich wieder an die hungernden Tiere bei euch denken müssen. Das Wimmern, und dass ich so unrecht vielleicht gar nicht gehabt habe, mit dem Glück. Dass es tatsächlich mit Wimmern zusammenhängt. Mit Hungern. Und vielleicht nur ein bisschen mit Wummern.

Liebe Grüsse, euer Horsst.«

DIE TIERE

EXTRATERRESTRISCHE LEBENSFORMEN

Vielleicht glauben Sie nicht, was ich Ihnen zu erzählen habe. Um ehrlich zu sein, ich könnte Sie verstehen. Auch ich würde mir nicht glauben. Ich glaube nicht an viel. Ich entstamme einer alten Schlachterdynastie, und Realismus ist für uns Bestandteil unseres Gewerbes. Wenn man selbst so etwas wie ein kleiner Gott für große Tiere ist, der über Tod und Leben entscheidet und dessen Entscheidung aus wirtschaftlichen Gründen fast immer zugunsten des Todes ausfällt, gibt es kaum etwas, an das sich glauben lässt. Jesus glaubt an Gott, aber an was glaubt Gott?

Es sind die Verzweiflung und die Hoffnung, die Leute an Horoskope und Wiedergeburt glauben lassen, und ich glaubte, zumindest bis zu jener Nacht, an nichts. An rein gar nichts. Doch mit dieser Nacht wurde alles anders. Wir veränderten uns. Auch ich. Mein Leben.

In dieser Nacht bin ich im Wald gewesen, wie ich es in letzter Zeit oft war. Die Rezession hat auch vor der Schlachterbranche nicht haltgemacht, und immer seltener hatten wir das Geld, um ein richtiges Tier zu kaufen. Im Wald kosten Tiere nichts. Und ich war häufiger dort, um eins der falschen Tiere zu holen, die ich dann zerlegte, marinierte, färbte und sie für richtige Tiere ausgab. Niemand bemerkte etwas. Das Zauberwort heißt Transglutaminase, eine Art Fleischkleber, mit dem sich problemlos mehrere Eichhörnchen in Schweinerücken verwandeln lassen. Ganze Suppenhühner fertigte ich aus Fröschen und alten Knochen an. Es war eine willkommene, kreative Abwechslung. Denn ehrlich gesagt ist der Beruf des Schlachters von einer Eintönigkeit geprägt, die sich wie ein dicker Umhang über einen legt, sobald der Tod seinen Schrecken verloren hat. Fast jeden Abend war ich im Wald, um für Nachschub zu sorgen. Den Leuten schmeckte, was ich anbot, und allmählich erholte sich unser Geschäft von der Flaute der Monate zuvor. Annegret hatte sich gesorgt, und nun schien sie richtig aufzublühen. Sie lächelte wieder. Küsste mich sogar auf den Mund. Selbst im Geschäft, vor Kundschaft. Manchmal stand sie hinter dem Tresen und drückte meine Hand, wenn das ganze Hack wieder einmal schon früh am Morgen ausverkauft war oder man unsere Leberwurst lobte, die ich aus braunen Tieren herstellte, von denen ich nicht recht wusste, was es für Tiere waren. Erst hatte ich noch nicht einmal bemerkt, dass es überhaupt Tiere waren. Bis ich spürte, dass mich etwas ansah.

In Biologie bin ich nie gut gewesen. Mir geht es mit Tieren so wie farbenblinden Menschen mit Farben. Ich kann nur die Grundtierarten auseinanderhalten. Der Rest ist Raten. Und würde ich nicht einem alten Schlachtergeschlecht entstammen, meine Berufswahl wäre ganz sicher anders ausgefallen. Ich interessiere mich für antike Musikinstrumente. Nun, bei der Ausweitung meines Geschäftsbereichs auf den Wald war es mir nahezu unmöglich, jede Tierart zu erkennen. Niemand hätte das gekonnt. Außerdem ist ja jedes Tier essbar, manche schmecken nur komisch.

Kurzum: Alles schien schön. Bis zu diesen seltsamen Tieren, die ich an diesem Abend mit nach Hause brachte. Es waren Tiere ohne Fell. Schon allein das hätte mich stutzig machen müssen. Außerdem war ihr Fleisch so weiß, dass man es nicht lange ansehen konnte, ohne dass es in den Augen brannte. Aufrecht hatten sie auf einer Lichtung gestanden und schienen sich in einer piepsigen Tiersprache miteinander zu unterhalten. Ich hatte das Gefühl, sie würden mich beobachten, und im Nachhinein würde ich sagen, ihre Blicke haben mich erst auf sie aufmerksam gemacht. Es waren fünf von ihnen, die wie kniehohe weiße Pilzstängel ohne Hut dastanden und mich beobachteten, wie ich mich ihnen langsam näherte. Je näher ich kam, umso seltsamer sahen sie aus. Nun erkannte ich auch Arme und Beine, die weiß aus den Pilzstängeln ragten. Kleine Hände, die zu glimmen schienen. Während ich ihnen, einem nach dem anderen den Knüppel über den Kopf zog, sahen die Übrigen mir dabei zu, ohne auch nur den Versuch zu unternehmen davonzulaufen. Traf der Knüppel sie, schienen sie so etwas wie »Oha« zu sagen, dann fielen sie um.

Wir hatten uns an seltsames Fleisch gewöhnt. Ich hatte eine Kunstfertigkeit entwickelt, jede Art Fleisch so zu verarbeiten, dass es wie richtiges Fleisch wirkte. Annegret nannte mich oft den Joseph Beuys der Schlachtkunst, und nachdem ich nachgesehen hatte, wer das war, musste ich ihr beipflichten. Als wir eins dieser Tiere brieten, zog sich das Fleisch in der Pfanne erst zusammen, bevor es dann verdunstete, bis nichts mehr davon übrig blieb, außer einem intensiven Geruch nach verbranntem Haar, der auch in den Tagen danach nicht wieder aus der Wohnung verschwinden wollte. Nachdem ich eins der Tiere aufgeschnitten hatte, stellte ich fest, dass sich im Inneren keinerlei Knochen befanden, keine Organe, im Grunde gar nichts. Sie schienen nur aus diesem gummiartigen Fleisch zu bestehen, das sofort verdunstete, erhitzte man es. Auch in ihrem Kopf fand ich nichts, keine Nervenbahnen, kein Gehirn, Adern oder sonst etwas, was mir bewies, dass sie funktionierten.

Annegrets Hobby waren Käfige. Ständig baute sie welche, und mit der Zeit ging sie dabei immer kreativer zu Werke. Es gab verzierte Käfige, Käfige mit Strom und Neonleuchten, Käfige aus Stein, Käfige aus Glas, getöpferte Käfige, Käfige, die aussahen wie berühmte Gebäude, Käfige, die aussahen wie Prominente. Annegret hatte einen lebensgroßen Arnold-Schwarzenegger-Käfig gebaut. Es gibt einen Heidi-Kabel-Käfig, den sie einmal dem Ohnsorg-Theater zum Kauf angeboten hat. Wir haben nie eine Antwort erhalten.

Wir sperrten die verbliebenen vier Tiere in den Barack-Obama-Käfig, wo wir sie so lange aufbewahren wollten, bis wir uns darüber klar geworden waren, was es war und was wir mit ihnen anstellen wollten. Oder besser aus ihnen.

»Kenne ich nicht«, sagte Dr. Petersen, ein zwielichtiger Tierarzt und Freund, und streckte die Hand aus, damit ich ihm einen Geldschein hineindrückte.

Niemand wusste, was für Tiere es waren. Nachts meinte ich nun, manchmal ein Summen aus dem Käfig zu hören, das sofort verstummte, kaum betrat ich die Küche, um nachzusehen. Die vier Tiere taten so, als bemerkten sie mich nicht. Sie sahen zu Boden, nur um, kaum war ich wieder aus dem Zimmer, erneut zu summen. Eine ganze Nacht hatte ich vor der Küchentür gewacht und ihnen zugehört. Hatte es aufgenommen und mir die Kassette immer wieder angehört. Es klang fast, als kicherten sie. Als ich es rückwärts abspielte, klang es wie Englisch. An zwei Stellen meinte ich, sie meinen Namen sagen zu hören: Horst Brotzenboch.

Aus dem Wellensittichbedarfshandel hatte ich eins dieser Wassertrinkröhrchen organisiert. Aber sie tranken nicht. Wir hatten Bälle mit Vogelfutter in den Käfig gehängt. Aber sie aßen nichts. Auch nichts von dem Hundefutter, aus dem ich anfangs kleine Tiere formte und sie in Mäntelchen aus Fell hüllte, um ihren Jagdinstinkt zu wecken. Schließlich schüttete ich es einfach so in den Käfig und schrie: »Nun esst endlich.«

Doch sie rührten nichts an. Ganz im Gegenteil, sie drängten sich in eine Ecke des Käfigs, hielten sich schützend die Hand über den Kopf und summten einen ganz hohen Ton, der klang wie »Iiieh«.

Annegret schlug vor, sie wieder in den Wald zu fahren. Doch mir widerstrebte das. Schon allein aus berufsethischen Gründen. Eine Woche waren sie nun bei uns, und auch wenn sie nichts aßen, nichts tranken, scheinbar nichts weiter zu tun schienen, als dort herumzustehen und uns interessiert anzusehen, kaum kamen wir in die Küche, so vermehrten sie sich doch. Fragen Sie mich nicht, wie. Annegret meinte, es liege daran, dass sie ständig nackt waren.

»Wir würden uns auch vermehren, wären wir ständig mit anderen nackt auf engstem Raum zusammen«, sagte sie.

Es leuchtete ein. Immer wieder beobachteten wir sie durchs Schlüsselloch. Die kleinen Pilzstängel, die nichts weiter taten, als dort im Käfig zu stehen und zu summen, und die trotzdem immer mehr wurden. Aus dem Automaten besorgte Annegret Kondome, die wir über sie rollten. Doch es half nichts. Nach zwei Wochen waren aus den vier Tieren vierzig geworden. Der Käfig wurde zu eng, und einen Teil von ihnen taten wir in andere Käfige.

Ich roch an ihnen. Besah mir die Biester mit einer Lupe, doch es war nichts an ihnen zu entdecken. Nichts, das auch nur im Entferntesten nach Geschlecht aussah. Noch nicht einmal eine Öffnung fand ich. Einzig die Augen – winzige Öffnungen, die wie die Nasenlöcher von Delphinen aussahen. Darunter befand sich so etwas wie ein kleiner zahnloser Mund, der aussah wie das Loch in einer Flöte, und der sich manchmal zu bewegen schien.

Ganze Nächte verbrachte ich von nun an damit, einfach nur dazusitzen und sie anzustarren. Immer wieder fotografierte ich sie mit meiner Sofortbildkamera. Saß dann da, rauchte und wedelte mit dem Foto, bis das Bild entstand und sie mich dann auch von der Aufnahme ansahen. Die Hände vor dem Leib verschränkt, drängten sie sich möglichst weit nach hinten in den Käfig, schubsten einander, um nicht in der ersten Reihe stehen zu müssen.

Eines Nachts dann spürte ich, dass eine seltsame Unruhe sie überkommen hatte. Etwas schien anders. Wieder hatte ich die Nacht in der Küche verbracht. Auch Annegret war diesmal bei mir gewesen, doch vom Köm war sie müde geworden und irgendwann einfach vom Stuhl gefallen. Nun lag sie auf dem Rü-

Extraterrestrische Lebensformen

cken, zwischen mir und dem Käfig. Der Gürtel ihres Bademantels hatte sich gelöst. Das weiß-violett gemusterte Nachthemd war etwas hochgerutscht. Je dunkler es wurde, umso mehr glaubte ich, von ihrem weißen Fleisch gehe ein bläuliches Glimmen aus. Auch die Tiere starrten sie an. Eindringlich. Eine Art Keckern war zu hören gewesen, als Annegret gestürzt war, dem schon kurz darauf Stille folgte, wie es sie, seit die Tiere da waren, nicht mehr gegeben hatte.

Seit sie da waren, war vieles anders. Seit Tagen hatten wir das Geschäft nicht mehr geöffnet. Nicht mehr öffnen können. Jemand müsse bei den Tieren bleiben, Annegret hatte es fast geschrien, die Tiere! Mit blauem Kugelschreiber hatte sie Nummern auf deren weißes Fleisch geschrieben, um mit Ordnung ihrer Angst Herr zu werden. Annegret hatte Angst, mit den Tieren allein zu sein. So war ich also zu Hause geblieben. Auch wenn ich es nicht zugab, auch ich wollte sie eigentlich nicht mit den Tieren alleine lassen. »Wegen Krankheit geschlossen« schrieb ich auf einen Zettel, den ich in den Laden hängte.

Die Tiere reagierten auf Annegret. Etwas schien sie an ihr zu faszinieren, und wann immer sie den Raum betrat, verstummten die Tiere und beobachteten sie. Drängten sich vorne an die Stäbe des Käfigs und streckten die Hände nach ihr aus. Versuchten sie zu berühren. Anfangs noch fühlte Annegret sich geschmeichelt. Sie hatte es nicht immer leichtgehabt. Ich bin ihr erster Freund.

Nun lag Annegret da, und ich und die Tiere standen da und starrten sie an, als ich mit einem Mal eine fistelnde Stimme zu hören meinte, die zweifellos aus dem Käfig kam. Das dickste der Tiere stand vorne an den Gitterstäben und sah mich an.

»Mister«, sagte es, der Flötenmund klappte dabei hektisch auf und zu. »We are not, what you think we are. We are no animals. No humans. No material, you know.« Das Tierchen schien sich nun im Käfig hingehockt zu haben. Fast so, als würde es mir einen Antrag machen. »We can give you money. But please, let my people go. Even if we aren't people. Open the door. Please. It's your wife, we are looking for. We wanted you, to get us out of the forest and bring us here to your wife. She's the key. Pardon my English.«

»Was?«, entgegnete ich.

»The Key. Schlüssel. Open the door and we will leave this world through your wife. You will be happy. You will see. I promise you.«

Kurz überlegte ich. Doch ich wusste, dass etwas geschehen musste. Ich wusste nur nicht, was. Vielleicht war das die Lösung? Ich sehnte mich nach meinem alten Leben zurück, wie ich es noch nie getan hatte. Mein altes Leben war mir noch nie erstrebenswert vorgekommen, doch nun war es mein größter Wunsch. Ich bereute, die Wesen aus dem Wald mitgenommen zu haben in mein Leben, das sie nun verunstalteten. Und vielleicht hatte das Tier ja recht? Was hatte ich schon groß zu verlieren?

Ich öffnete die Schublade und holte den Revolver meines Großvaters daraus hervor. Anschließend richtete ich die Mündung auf die Tiere.

»Wenn ihr irgendeinen Mist macht, drück ich ab«, drohte ich.

»Peace, Mister Brotzenboch. Now open the door.«

Langsam öffnete ich die Käfigtür. Trat dann einen Schritt zurück. Mit beiden Händen umschloss ich den Griff des Revolvers, zielte auf die Wesen, bereit, jederzeit abzudrücken. Die Tiere verbeugten sich vor mir. Dann ließen sie sich einfach wie

Lemminge aus dem Käfig auf den Küchenboden fallen, wo sie mit einem lauten Platschen aufschlugen. Meine Frau lag noch immer auf dem Boden. Mit weit aufgerissenem Mund schnarchte sie. Die Wesen standen auf und näherten sich meiner Frau. Ein leises, sich steigerndes Fiepen war zu hören, als sie sich an ihre Beine schmiegten, diese langsam erklommen und auf ihnen über den bergigen Oberkörper meiner Frau zu ihrem Kopf balancierten, bis sie allesamt in einer Reihe vor ihrem Mund standen und kurz innehielten. Alle verbeugten sich. Begannen dann ein seltsames Lied zu pfeifen, zu dem sie rhythmisch hin und her schaukelten, bevor sie, einer nach dem anderen, in die Mundhöhle meiner Frau krochen und darin verschwanden. Das Lied wurde leiser, war nur noch dumpf aus dem Oberkörper meiner Frau zu hören, verklang dann gänzlich. Annegret zeigte bei alledem keinerlei Regung.

Es war still in der Küche, nachdem sie fort waren. Bis auf das Schnarchen meiner Frau, die ungerührt der Umstände, bis zum Mittag des nächsten Tages dort lag und schlief. Die ganze Zeit wachte ich bei ihr. Immer wieder legte ich mein Ohr auf ihren Bauch. Doch darin war nichts zu hören. Und als sie dann wieder erwachte, wirkte sie fast glücklich.

»Was ist denn?«, fragte sie, nachdem sie bemerkt zu haben schien, dass ich sie seltsam ansah.

»Ach, nichts«, erwiderte ich.

»Wo sind die Tiere?«

»Ich habe sie in den Wald gefahren«, log ich.

Annegret schien erleichtert.

Ich wartete vor der Badezimmertür, nachdem ich sie den Toilettendeckel hatte hochklappen hören.

»Alles in Ordnung?«, fragte ich sie, nachdem sie wieder rauskam.

»Ja«, sagte sie.

Wenn ich in den folgenden Tagen überhaupt eine Veränderung an meiner Frau feststellte, dann nur die, dass sie mit einem Mal glücklicher wirkte als früher. Vielleicht ist es das falsche Wort in diesem Zusammenhang, aber ja, sie wirkte ausgefüllter. Sie begann Kurse an der VHS zu besuchen. Traf sich mit Freundinnen, die sie über Aushänge im Supermarkt kennengelernt hatte. Trug ihre Haare wie die Frauen aus dem Fernsehen. Nachts, wenn sie schlief, hörte ich manchmal in sie hinein. Presste mein Ohr in ihre Mundhöhle. Versuchte, mit einer Stablampe in ihren Schlund zu leuchten. Doch ich sah nichts. Spürte nichts, drückte ich mit meinen Fingern auf ihrem Leib herum. Die Wesen schienen verschwunden. Für immer.

Jede Nacht schlief ich unruhig, aus Angst, sie könnten wieder aus meiner Frau herauskrabbeln. Unbemerkt. Doch sie tauchten nicht auf. Auch nicht in den Jahren danach. Und auch wenn ein gewisses Gefühl der Beklommenheit blieb, so musste ich zugeben, dass es uns, alles in allem, besser ging als je zuvor. Fast schien es, als wären diese weißen Wesen aus dem Wald genau das gewesen, was meiner Frau all die Jahre gefehlt hatte. Es war seltsam. Aber die Wege des Glücks sind nun einmal unergründlich.

DER GERUCH
EINER TRÜMMERFRAU

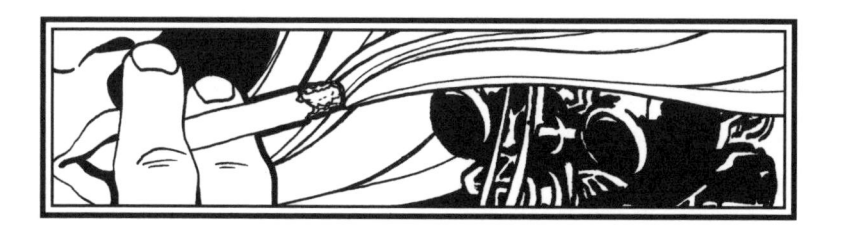

STONE TAPE THEORY

An diesen Tag erinnere ich mich noch sehr genau. Immer wieder hat mein Therapeut mich Bilder davon malen lassen. Hat mich diese Szene geschminkt und kostümiert mit der Sprechstundenhilfe nachspielen lassen. Bei jedem meiner Besuche ist das Erste, was ich tue, ihm diese Szene aufs Neue zu schildern. Das Tonband läuft. Das Tonband läuft immer. Mein Therapeut nickt währenddessen. Lutscht geräuschvoll an seinem Bleistift. Bin ich fertig, hören wir uns meine Schilderung aus der letzten Sitzung an. Mittlerweile sind diese Erzählungen nahezu identisch. Seit vielen Jahren bin ich in Behandlung. Besser aber wird nichts.

All das ist jetzt zwanzig Jahre her. Zwanzig Jahre, in denen mir an den seltsamsten Stellen Haare gewachsen sind und mir und meiner Umgebung Reife vorgaukeln. Obwohl ich mich in meinem Inneren noch immer fühle wie der Junge von damals. Ich trage auch noch so ähnliche Kleidung (viel Nicki, mit Tieren darauf, kurze Hosen), und auch die Frisur ist dieselbe (wie die meiner Mutter).

Damals war ich elf. Ich kam von der Schule nach Hause. Mutter saß in der Küche. Wo sie immer saß, wenn ich heimkehrte. Aber auch sonst saß sie dort. Manchmal habe ich das Gefühl, Mutter hat diese Küche nie wirklich verlassen. Schon morgens saß sie in der Küche, frühstückte Zigarettenrauch. Es roch nach Haarspray. Die Luft war davon so klebrig, dass das Atmen schmerzte.

»Du bist eine Hausgeburt«, sagte meine Mutter immer stolz. Aber in Wahrheit bin ich eine Küchengeburt. Es gibt Fotos davon. Es gibt Fotos meiner Eltern, die in dieser Küche ihre Hochzeit feiern. Es gibt Fotos meiner jungen Mutter in dieser Küche, und manchmal scheint es, nicht Mutters Mutter hat Mutter geboren, sondern diese Küche hat sie zur Welt gebracht. Niemand hat die Nabelschnur durchtrennt. Es existiert kein einziges Foto meiner Mutter, das sie an einem anderen Ort als dieser Küche zeigt. Immer wieder entdeckte ich im Küchenschrank hinter Konserven und Hülsenfrüchten Schlüpfer und zusammengeknüllte Blusen von ihr. Einen Schlafsack unter der Spüle. Auf der Anrichte stand immer ein kleiner Fernseher, der mit den Jahren wuchs und Farbe bekam.

An diesem Tag ging ich noch in Anorak, mit dem Schulranzen auf dem Rücken, zu ihr. Sie weinte. Überall in der Küche waren kleine Tränenspritzer. Auf den Fliesen, den Wänden, den Bananen in der Obstschale. Mutter schüttelte den Kopf, so dass die Tränen flogen. Früher hatte sie immer Musicaldarstellerin werden wollen. Später Souffleuse. Geworden war sie Mutter.

»Vater ist fort«, sagte sie, ohne mich anzusehen. Vor ihr auf

Stone Tape Theory

dem Tisch lagen zwei Päckchen Zigaretten, eine neue Fernbedienung.

»Und wo ist Vater jetzt?«, fragte ich, in der Hoffnung, sie würde mir irgendeine harmlose Antwort geben, die dem ruhigen Fluss unseres Lebens nichts weiter anhaben würde. Aber ich ahnte, dass etwas geschehen war und dass dieser Fluss sich nun stauen könnte und drohte über die Ufer zu laufen. Flut.

Meine Mutter neigte dazu, das Leben durch Rauch zu ersetzen. Gerade, wenn es schwierig wurde. Und nun stand die ganze Küche voller Qualm. Das Haus gegenüber war durch die Küchenfenster kaum noch zu sehen.

»Fort«, sagte sie und drückte auf eine Taste der neuen Fernbedienung.

Ein Rattern war aus dem Schlafzimmer zu hören, das sich langsam und mechanisch der Küche näherte. Minuten geschah nichts. Mutter rauchte angestrengt. Ich sah erst sie, dann den Türrahmen an, in dem, nachdem sehr lange nur das sich nähernde Rattern zu hören gewesen war, ein mannshoher Roboter im Schneckentempo den Raum betrat und uns aus zwei blauen 40-Watt-Glühbirnen ansah.

»Das ist Helmut«, sagte sie.

Laut streckte Helmut die Hand nach mir aus.

»Ich bin Helmut«, sagte er blechern.

Er trug Kleidung von Vater. Sogar Vaters Frisur. Und er begann von der Nachkriegszeit zu erzählen, so wie auch Vater das gerne tat. Von dem Geruch nach Trümmerfrauen. Und wie sie Moos mit Speck gegessen hätten. Ansonsten hatte er kaum Ähnlichkeit mit Vater.

Vater kam nicht wieder. Helmut blieb. Jeden Abend musste ich mich auf seine kalten Schenkel setzen. Helmut begann dann laut zu wippen. Tätschelte mechanisch meinen Kopf. Schickte Mutter mich mit ihm raus, so lief ich meist davon, versteckte mich. Beobachtete Helmut, der dann ratlos auf dem Bürgersteig stehen blieb. Eine Schraube nahm und so tat, als rauche er. Später rief er falsch meinen Namen: »Jos – hua.«

Einmal war rostiges Wasser aus zwei Düsen unterhalb seiner Augen gelaufen. Es roch nach Werkstatt. Ich ging zu ihm.

»Junge«, sagte er, »du weißt ja gar nicht, was Hunger ist.«

»Und du weißt nicht, was ein Vater ist.«

Helmut nickte traurig.

Nachts hörte ich Helmut und Mutter manchmal in der Küche lachen. Wie sie sich betranken und Helmut dann laut und unrhythmisch Seemannslieder sang. Blechern tanzte oder aber sich auf den Boden legte und zu robben begann. Einmal ahmte er ganz schlecht Tiere nach. Mutter rief mich. Sie zeigte auf ihn, lachte. Ich konnte es nicht verstehen. Wo sie ihn überhaupt herhabe, fragte ich sie immer wieder.

»Über'n Fernseher«, entgegnete sie. »Der Fernseher. Hab' angerufen.«

Alle paar Stunden musste Helmut ans Netz. Dann saß er stumm in der Küche und hielt sich die Augen zu, als schliefe er. Ich musste Zeitungen und Prospekte austragen, damit wir genug Geld hatten, um Helmuts Strom zu bezahlen. Helmut aß nicht, Helmut verbrauchte. Wir aßen immer weniger. Wegen Helmut.

Helmut hatte ein kleines Fach am Rücken. Einmal als Mutter schlief und Helmut am Netz war, ging ich zu ihm, um es zu öffnen. Darin fanden sich allerlei Fotos meines Vaters. Außerdem ein kleines Heft, in das Mutter Notizen über meinen Vater eingetragen hatte. Die Seemannslieder standen darin. Die Sätze über den Hunger. Kleine Passagen darüber, wie sie sich damals kennengelernt hatten. Oder Sätze wie »Liebe ist, wenn alles ganz egal ist«.

Nach einem Jahr, in dem Helmut bei uns war, war er am Ende fast der normalste von uns. Die Leute guckten, als Helmut mich in die Klinik fuhr. Wir uns umarmten. Ich winkte, während ich ihn mit Vaters silbernem Auto über den Parkplatz davonfahren sah. Ich bin nie wieder zurückgekehrt.

Neulich traf ein Brief von Helmut in der Einrichtung, in der ich seitdem lebe, ein. Die Schrift rechtwinklig und akkurat.

»Joshua, nach dem Krieg haben wir Moos mit Speck gegessen. Und den Geruch einer Trümmerfrau vergisst du nie. Auch ich bin im Grunde ein Trümmermann. Zusammengesetzt aus Dingen, die nicht richtig sind. Bin selbst ein Ding, das nicht richtig ist. Aber ich versuche es zumindest. Ich versuche, richtig zu sein. Im Gegensatz zu dir. Dein Helmut«

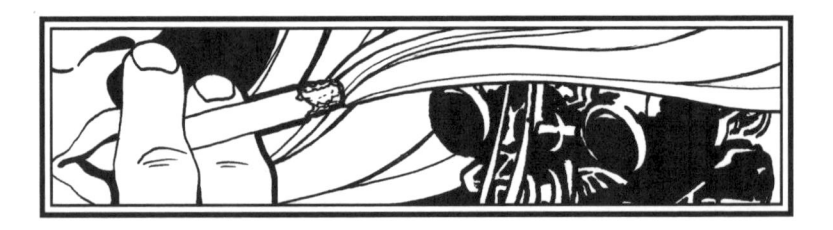

DIE SCHRÄGE

ÖKOKINESE

Schieben Sie es nicht auf die Träume. Seit ich trinke, träume ich nicht mehr. Jedenfalls nichts, was an dieser Stelle erwähnenswert wäre. Früher waren meine Tage und Nächte klar voneinander getrennt. So wie weißes und rotes Fleisch bei einem Schinken. Heute dagegen erscheint mir mein Leben oft wie Brät, und ich habe Schwierigkeiten zu sagen, wo die Nacht beginnt und der Tag aufhört. Der Schlaf ist zu so etwas wie einem unangemeldeten Gast geworden, der kommt und geht, wie es ihm gerade passt. Ich weiß es nicht genau, aber ich glaube, ich schlafe häufiger als andere. Ich bin ganz froh darüber. Anfangs, nachdem es geschehen war, kamen mir die Tage unbezwingbar vor. Bergmassive, vor denen ich stand und nicht wusste, wie ich auf die andere Seite gelangen sollte. Mit jedem Tag – da noch gab es Tage – schienen mir die Berge größer, unbezwingbarer, und irgendwann waren die Schatten, die sie warfen, so groß, dass es mir am Fuße des Berges stets wie Nacht vorkam. Schließlich blieb ich im Bett und ließ den Tag Berg sein. Immer geschickter wurde ich darin, die Nacht zu verlängern. Anfangs mit Jalousien. Später mit Klebeband über den Ritzen der Türen von den Zimmern, die zu betreten ich einfach nicht mehr schaffte. Ich kappte die Telefonleitung, das Kabel der Haustürklingel, damit es Nacht blieb. Blieb im oberen Stockwerk unseres Hauses, das dem Tag am fernsten war. Ich hatte mir Nachtprogramm aufgenommen. Viele Videokassetten voll, die ich nun am Tage abspielen ließ. Gewinnspiele, Verkaufssendungen, Werbespots für Telefonerotik, die mir die Nachtillusion perfektionierten. Wo die Simulation hakte, half ich mit Alkohol nach. Irgendwann war ich ein Meister der Illusion und konnte selbst dann Nacht erzeugen, wenn ich bei hellstem Sonnenschein in unserem Garten zwischen dem hohen Gras lag und darauf wartete, dass Raben mich holten. Nur mal so als Beispiel. Sie kamen nie. Ich blieb. Je mehr Zeit verging, umso größer wurde die Gewissheit, dass ich auch in Zukunft bleiben würde. Ich wurde größer. Schwerer. Im Sinne von dick. Manchmal hatte ich das Gefühl, es liege an der Vielzahl an Nächten, die ich an einem Tag erlebte. Dem Körper wurde so vorgegaukelt, mehrere Tage seien vergangen. Er schien es wirklich zu glauben. Alterte schneller. Das war wie bei einem Hund, bei dem ein Jahr wie sieben war. So war es mit meinen Tagen. Ein Tag war nicht selten wie eine Woche, und ich verfremdete, veränderte mich und konnte am Ende gar nicht sagen, wie viel Zeit vergangen war.

Die ersten Kontakte nach alledem waren seltsam. Ich kann nicht sagen, wie lange es her war, dass ich gesprochen hatte. Meine Stimme kam mir fremd vor, als ich jetzt sagte: »Bier, bitte.« Ich konnte mich nicht mehr an sie erinnern.

Es war in einer kleinen Kneipe in der Nähe meines Hauses, an der oft vorbeigefahren zu sein ich mich dunkel noch aus meinem früheren Leben zu erinnern meinte. Ganz genau sagen, wie ich an jenem Tag dort gelandet bin, kann ich leider nicht. Ich erinnere mich, mich angezogen zu haben. Erinnere mich, nach draußen getreten zu sein. Die frische Luft, die mich husten ließ. Vermutlich waren es die Nachbarn, die mich verschreckt ansahen. Meine Schritte waren so unbeholfen und wackelig, als beträte ich den Mond. Der Mond ist die Sonne der Nacht. Hat mal wer gesagt.

Als Nächstes ist da der Geruch nach Rauch. In der Kneipe, die mir so sicher schien, wie mir das Leben lange schon nicht mehr vorkam. Die letzten Meter bin ich gerannt wegen des unerträglichen Tageslichts. Hier nun schien immer Nacht zu herrschen. So können die Tage nicht vergehen. Alles bleibt. Nichts verändert sich. Das ist gut.

Über allem lag ein dunkler Schleier. Die Nacht schien den Menschen hier aus jeder Pore zu strömen, und kurz musste ich daran denken, dass, zöge diese Gruppe los – es waren außer mir noch acht weitere Gestalten da, ob Frau oder Mann ließ sich bei vielen nicht auf Anhieb sagen – nun los, draußen schien die Sonne, das hatte ich noch registriert, also, zöge diese Gruppe los, ich hätte geglaubt, uns würde es gelingen, an dem Ort, an dem wir waren, es zumindest für einen kurzen Moment Nacht werden zu lassen.

Die Augen des Wirts waren mit dunklen Ringen umzogen. Seine Hände orange von den Zigaretten, von denen eine immer brennend im Aschenbecher lag, während die andere in seinem Mund steckte. Er rauchte, wie andere an zwei Spielautomaten gleichzeitig spielten. Es schien, als söge er die Nacht aus den weißen Zigaretten und würde er damit aufhören, würde das Licht durch die Poren dieses Ladens dringen und ihn zerfallen lassen, ebenso wie uns.

Ich schloss die Augen und ließ den Schnaps, den man ungefragt vor mich gestellt hatte, in meiner Mundhöhle brennen. So wie Licht durch Ritzen dringt, schlug die zur Schau gestellte gute Laune der Gäste immer kurzzeitig in Wut und Aggression um. Gefolgt von Gelächter.

Doch das Schlimmste war, dass ich dort nicht als Fremdkörper wahrgenommen wurde. Sondern dass ich dort hinzugehören schien. Wie ein Wassertropfen, den man ins Meer geschüttet hatte, war ich von den anderen kaum zu unterscheiden. Wie selbstverständlich bezog man mich in das Geschehen ein. Schlug mir auf den Rücken. Erzählte mir anzügliche Witze oder nahm sich eine meiner Zigaretten aus der Schachtel, setzte sich dann kurz neben mich und sagte etwas zu mir, das klang wie: »Stanislawski«. Man sah mich erwartungsvoll an. Ich nickte. Es schien die richtige Reaktion. Man lachte, schlug mir erneut auf Schultern und Rücken.

Ich weiß nicht mehr, wann mir aufgegangen war, dass sie eine Frau war. Ich glaube, dass ich das erst so richtig zu Hause realisierte. Als sie da vor mir gestanden hatte. Ich hatte kaum so schnell trinken können, wie ich vergessen wollte. Wie so oft fragte ich mich, wie die Verbindung zwischen der jetzigen und der zuletzt erinnerten Situation war. Mein Leben schien aus einzelnen schlaglichtartigen Erinnerungen zu bestehen, deren einzige Schnittstelle ich war.

Als ich am nächsten Morgen erwachte, roch ich wie diese Frau. Das ganze Zimmer roch nach ihr. Möglichst lautlos zog ich den Kopfkissenbezug von meinem Kissen und stülpte ihn ihr über den Kopf mit dem offenen Mund. Die dunkle Mundhöhle, die so viel Nacht im Zimmer verströmte, dass es selbst mir zu viel war. Sie lag auf dem Boden. Den Mund weit aufgerissen. Die Beine ein wenig gespreizt. Aus jeder Pore schien Nacht zu strömen. Eine Nacht, die war wie tiefes Wasser. Ihr Haar war sicher einmal blond gewesen. Nun war es von demselben orangefarbenen Ton, von dem auch die Tapeten der Kneipe gewesen waren. Auch ihre Haut schien nicht mehr so weiß wie noch in der Nacht zuvor.

Es war das erste Mal seit Langem, dass ich die Jalousie hochzog. Sogar das Fenster öffnete. Ich wollte, dass die Sonne kam und sie vertrieb. Doch draußen war es dunkel, und ich ertappte mich dabei, wie mich kurz die Angst überkam, dass die Sonne verschwunden sein könnte. Es nun vielleicht für immer Nacht bleiben würde. In der Vergangenheit hatte ich mir das oft gewünscht. Nun hatte ich Angst davor.

Irgendwann saß ich da. Rauchte. Musterte sie. Sie atmete schwer. Noch immer schlief sie. Oder zumindest so etwas in der Art. Ich hatte die alte Höhensonne meiner Frau aus der Abseite geholt, sie angeschaltet und auf diese Frau gerichtet. Ich sah viel fern.

Nichts geschah.

Irgendwann schlug sie die Augen auf. Sah erst die Höhensonne an, dann mich. Ihr Blick fühlte sich an, als würde ich im Supermarkt von Überwachungskameras gefilmt. Es schien nicht das erste Mal, dass sie in ungewohnter Umgebung zu sich kam.

Vielleicht war jeder Morgen so für sie, fragte ich mich, während sie sich, ohne etwas zu sagen, nach ihrer Jeans umsah. Langsam, ohne mich aus den Augen zu lassen, robbte sie dorthin, durchwühlte die Taschen, bis sie schließlich gefunden zu haben schien, wonach sie gesucht hatte. Ihr Handy, auf dem kurz darauf ein Video lief, das uns beide zeigte. Wir küssten uns und schienen für den Augenblick zufrieden. Gelächter in der Kneipe.

»Das ist Helmar«, sagte sie in dem Video und zeigte auf mich. Der Film brach ab.

Als sie sich vorsichtig vom Boden erhob, schwankte sie, und der Geruch, der von ihr ausging, ließ mich instinktiv an meiner Nase herumspielen. Langsam zog sie sich die Kleidungsstücke über, geriet dabei immer wieder ins Straucheln. Einmal stützte sie sich auf meinem Kopf ab. Ein Knacken durchfuhr meine Wirbelsäule.

Während alledem saß ich auf dem Bett und verschwendete keinen Gedanken daran, warum ich nackt war. Ich starrte sie nur an. Hoffte, sie würde nun ohne große Umschweife gehen und anderswo ihre Tristesse verströmen. Sie fuhr sich mit den Händen durchs Haar. Schüttelte den Kopf, ohne dass sie danach verändert schien. Die orangenen Haare klebten an ihrem geröteten Gesicht. Sie schob ihre große Hand in die enge Hosentasche ihrer Jeans. Ich hatte im Fernsehen einmal eine Schlange eine Maus fressen sehen, daran musste ich nun denken. Mühsam zog sie einen Lippenstift aus der Tasche, der ihr dann, kaum hatte sie ihn raus, zu Boden fiel. Langsam rollte er einmal durchs Zimmer bis zur gegenüberliegenden Wand. Fasziniert sah ich ihm hinterher.

»Dein Haus ist schräg«, sagte sie.

Ökokinese

»Nein«, sagte ich. Einfach nur, um ihr zu widersprechen.

Sie nahm die Flasche Kümmel vom Nachttisch. Trank den zweifingerbreiten Rest daraus aus und legte sie ebenfalls auf den Boden. Ganz langsam setzte sich die Flasche in Bewegung. Rollte mit einem anschwellenden Sirren dem Lippenstift hinterher.

»Doch«, sagte sie, »schräg. Verdammt. Schräg.«

Jeden Morgen starrte ich als Erstes auf die Wasserwaage, die ich vors Bett auf den Boden gelegt hatte. Sie bewies, was zuvor nur ein Verdacht gewesen war. Es kippte. Das Haus kippte. Mit jedem Tag stand es schräger. Anfangs noch hatten wir versucht, diese Schräge mit Alkohol und Büchern auszugleichen, und fragen Sie mich nicht, wie, aber es war ganz gut gegangen. Wenn man stand, war es auszuhalten. Nur wenn man lag, dann schoss das Blut in den Kopf. Erwachte ich, fühlten sich meine Glieder taub und schlaff an, mein Kopf groß und schwer. In manchen Nächten kroch ich auf Mensa, so hieß die Frau, und rollte mich auf ihr zusammen, um dort etwas Normalität zu erhaschen. Sie war wie ein Boot, und ich war ein Schiffbrüchiger.

Mensa wollte nicht gehen. Wenn ich ehrlich bin, machte ich sie für die Schräge verantwortlich, denn vorher hatte es das nicht gegeben. Für sie hingegen war die Schräge der Grund, aus dem sie überhaupt noch bei mir bliebe.

»Das interessiert mich«, hatte sie gesagt, »Schräge.« Dabei hatte sie vor mir gestanden, sich etwas, indem sie sich auf ihren Schenkeln abstützte, nach vorne gebeugt, um mit mir zu sprechen, so wie man mit einem kleinen Jungen sprechen würde. Ihre Brüste hatten vor mir geschaukelt wie Boxsäcke. In den Nächten trieben sie wie Bojen auf Mensa. Nicht nur einmal hatte ich nachts mit der Taschenlampe Signale nach draußen gesendet. SOS, aber es kam niemand.

Mit einem Filzstift zog ich die Umrisse der Bäume und Häuser auf der Fensterscheibe nach, um Gewissheit zu haben, dass das alles wirklich geschah. Ich trank heimlich ein, zwei Tage nichts – durch die Sonne ließen sich die Tage nun wieder voneinander unterscheiden –, doch es änderte nichts an der Schräge, die nüchtern nur noch größer zu werden schien. Wie bei einem kenternden Schiff hob sich die eine Seite des Hauses in die Höhe, während die andere Seite absackte. Ich traute mich kaum noch nach unten in die Küche zu gehen, aus Angst, feststellen zu müssen, sie befinde sich nun unter der Erde. Würmer, Wurzeln, Wrack.

Immer dickere Bücher mussten wir unter eine Seite des Betts legen. Ich war froh, dass ich früher viel gelesen hatte. Es half mir nun, mit dem Leben zurechtzukommen. Lagen wir im Bett, war nun nicht mehr wirklich von Liegen zu sprechen. Es war etwas zwischen Liegen und Stehen.

»So kann es doch nicht weitergehen«, hatte ich irgendwann gesagt.

»Was willst du denn tun?«

Ich hatte bei der Feuerwehr angerufen. Doch ich war bei meiner Schilderung der Geschehnisse ins Stocken geraten. Dort, wo früher die Sprache gewesen war, schien nun alles leer zu sein. Immer wieder griff ich ins Nichts. Wurde unsicher und legte auf. Die ganze Nacht stand ich am Fenster aus Angst vor Feuerwehrmännern, die mit Bärten und roten Leiterwagen die Straße hochfahren würden.

»Was hast du?«, fragte Mensa, kurz nachdem sie vom kalten Zittern wach geworden war und verkündet hatte, dass das Auto nun Benzin brauche, wie sie das nannte, wenn der Durst sie übermannte. Anfangs hatte sie auch noch ein »brumm, brumm« hinterhergeschoben, über das ich sogar einmal gelacht hatte. Ein Lachen, das eher nach Waldtier denn nach Fröhlichkeit klang.

»Ich habe Angst vor der Feuerwehr«, sagte ich.

Schwerfällig stand sie auf und kam dann auf mich zugerannt, so wie man einen Berg hinunterrennt. Ich trat etwas zur Seite. Draußen gingen immer wieder Passanten vorbei, aber niemand sah zu uns hoch. Auch die Feuerwehr kam nicht.

»Das ist doch seltsam«, sagte ich. »Irgendwas ist mit dem Haus. Wir müssen raus.«

»Ja«, sagte sie, »wir müssen da raus.«

Sie setzte die Flasche an. Trank sie in einem Zug leer. Starrte anschließend verhältnismäßig nachdenklich nach draußen.

Vor ein paar Tagen hatte Mensa kurz das Fenster geöffnet und mit ihrem Handy ein Foto von dem da draußen gemacht, das wir uns manchmal ansahen, ohne etwas zu sagen. Das Gefühl war ähnlich dem, das ich früher empfunden hatte, beim Betrachten der Urlaubsfotos: eine Mischung aus angenehmer Erinnerung und Fernweh. Ich fragte mich, wie lange wir nicht mehr draußen gewesen waren? Wie lange war diese Frau nun schon bei mir? Und warum überhaupt?

Noch hatten wir ausreichend Vorräte. Wir aßen Konserven, von denen ich vor langer Zeit einmal Unmengen gekauft hatte. Eine Ahnung. Ich war eine Zeit lang in verschiedene Supermärkte gefahren und hatte unzählige Konserven und Alkoholika gekauft. Immer in solchen Mengen, dass mir keiner Fragen stellte. Die Konserven standen im Flur, entlang der Wände, und verstellten die Türen ins Wohnzimmer und die Kinderzimmer. Wie gemauerte Backsteine türmten sich dort auch Zigarettenstangen auf. Je mehr wir verbrauchten, umso mehr trat die Vergangenheit dahinter wieder zutage.

»Arche Helmar«, sagte Mensa einmal. Draußen regnete es. Sie zog mich auf sich, in sich, und ich hoffte inständig, wir würden uns nicht auch noch vermehren.

Anstatt rauszugehen, bohrte ich enorme Ösen in die Wände, an denen wir uns mit Gurten festbanden, um nicht den Halt zu verlieren. Denn das Haus kippte weiter. Kamen nun Vögel ans Fenster, saßen sie bald schon nicht mehr auf dem Fenstersims, sondern direkt auf der Fensterscheibe. Wir lagen darunter im Bett, das nun mit zwei Beinen auf dem Boden stand, mit den zwei anderen Beinen auf der Wand. Wir starrten den Vogelbauch an.

»Wie vermehren sich Vögel eigentlich?«, fragte sie. »Du weißt schon, wegen der Geschlechtsteile und so.«

Ich starrte den Vogelbauch an. Versuchte fast verzweifelt, etwas zu entdecken, was mir in diesem Zusammenhang bekannt vorgekommen wäre. Ich wusste gar nicht, warum, aber ich war richtig aufgeregt und hoffte inständig, eine Antwort auf diese Frage zu finden. Fast so, als wäre ich damit fähig, die Normalität wiederherzustellen.

»Ich weiß es nicht«, sagte ich schließlich resigniert. Ich spürte, wie mir Tränen in die Augen schossen. »Ich weiß es wirklich nicht«, sagte ich noch einmal.

Immer wieder waren Vogelkrallen auf dem Glas zu hören, und

irgendwann hatten wir die Jalousie wieder – heruntergelassen ist das falsche Wort, ich hatte die Enden mit Nägeln an der Wand befestigt, damit sie hielt – zumindest war es dunkel.

Die Angst zu fallen wuchs. Die Zimmertür war zu einer Luke im Boden geworden. Es war lange her, dass wir das Zimmer verlassen hatten. Man roch es. Überall standen Flaschen, über denen ich Mensa immer wieder im Halbschlaf hocken sah. Irgendwann wusste ich, dass das, was auch immer mich da draußen erwarten würde, nicht schlimmer sein konnte als das hier. Kaum hatte ich den Gedanken zu Ende gedacht, setzte ich mich aufrecht im Bett hin, griff mir eine der Flaschen und schlug sie Mensa ohne große Umschweife über den Kopf. Nicht zu fest. Aber doch so, dass sie durch die Eisdecke Schlaf in den See der Bewusstlosigkeit einbrach und darin etwas einsank. Dann machte ich mich an den Abstieg aus meinem Leben.

Langsam seilte ich mich bis zur Zimmertür, die ich so leise wie möglich öffnete, und anschließend durch den Türrahmen weiter nach unten ab. Die Bilder waren von den Wänden gefallen. Ich seilte mich bis zur Wand ab, die nun zu einem Boden geworden war, und ging auf ihr bis ins Erdgeschoss.

Als ich die Haustür öffnete, rieselte Sand herein. Schwarzer Sand, aus dem sich hervorragend eine Nacht hätte bauen lassen. Ich nahm einen der Regenschirme, die von der Garderobe gefallen waren, und stach mit diesem ein paarmal auf das Erdreich ein. Lockerte es und grub damit. Es war nicht sehr fest, so dass ich bald schon ein Loch gegraben hatte, durch das ich den Himmel und die Sterne sah, die sich nach wie vor an derselben Stelle befanden wie früher. Es beruhigte mich. Zumindest etwas.

Ich grub weiter. Schneller. Löste dann den Gurt und kletterte, mich am Eisengitter der Haustür festhaltend, nach oben. Dort angekommen, klopfte ich mir die Erde von den Hosenbeinen. Ich starrte den Himmel an, der sich tatsächlich über mir befand. An derselben Stelle wie früher. Auch die Stadt war noch immer dort, wo sie auch früher gewesen war. Hinter mir war das Haus. Ich wagte nicht, mich umzudrehen. Nachzusehen, was damit war. Alles, was ich wusste, war, dass ich rennen musste. Dass ich so lange rennen musste, bis alles wieder war, wie es gewesen ist. Renn, dachte ich. Renn, Helmar.

DER MANN AUS DEM MEER

ICHTHYOIDEN

Nachts bin ich oft draußen, weil ich es am Tage nur noch selten kann. Ich sehe seltsam aus. Ich hatte einmal gehofft, die Freiheit auf einem Motorrad zu finden. Es hat nicht geklappt. Die Blicke der Menschen sind mir unangenehm geworden. Irgendwann ging es nicht mehr, und ich begann mein Leben umzustrukturieren. Nun lebe ich eine Art Negativ meines vorherigen Lebens, schlafe meist am Tag und bin in der Nacht draußen, wenn nur wenige Menschen unterwegs sind.

Ich bin ans Meer gezogen. Hier kennt mich niemand. Fast jede Nacht bin ich dort, in der Hoffnung, das Meer spüle etwas an, das mir das Leben bislang versagte. Meine ganze Wohnungseinrichtung besteht fast ausschließlich aus Treibgut, und selbst mit geschlossenem Fenster ist der Geruch nach Meer so intensiv, dass ich manchmal, laut nach Luft schnappend, aus dem Schlaf erwache, weil ich wieder einmal glaubte, im Meer zu ertrinken.

Ich bin im Meer zur Welt gekommen. Meine Mutter hat mich in den Fluten geboren. Tagelang hatte sie, untenrum nackt, dort gesessen und gewartet, dass das Meer ihr die Frucht aus dem Leibe sog. Es gibt Fotos davon. Meine Mutter, die dort hockt und mit hochrotem Kopf Spaziergängern winkt. Meine Mutter, die von einer Traube Spaziergänger umringt wird und, ernst auf ihren Schoß deutend, etwas erklärt. Meine Mutter, die von mehreren Spaziergängern gehalten wird, während andere Spaziergänger anfeuernd um sie herumstehen. Meine Mutter inmitten einer Menge Spaziergänger, die klatscht. Einer von ihnen hält mich hoch über seinen Kopf. Ich heiße wie er. Jorge.

Mein Vater ist zur See gefahren und nicht wiedergekehrt. Alles, was ich von ihm habe, ist ein Foto. Ein Mann mit einem Bart und freiem Oberkörper, der übersät ist mit Frauennamen, unter denen sich auch der meiner Mutter findet. Katrin steht dort. Allerdings ist es falsch geschrieben. Meine Mutter schreibt sich mit h. Dieses Foto hatte meine Mutter vergrößern und eine Menge Abzüge davon anfertigen lassen, in der Hoffnung, je mehr Fotos wir von meinem Vater besäßen, umso präsenter wäre er. Das ganze Wohnzimmer hing voll mit Fotos von ihm beziehungsweise mit diesem einen Foto in verschiedenen Größen und Kolorierungen. Später fertigte meine Mutter daraus Collagen an, die ein Leben zeigten, das wir nie geführt hatten. Zumindest nicht gemeinsam mit meinem Vater. Ein Hochzeitsbild, auf dem meine Mutter das Gesicht des Bräutigams mit dem meines Vaters überklebt hatte. Der Nachbar hatte sich bereit erklärt, für einige Aufnahmen den Bräutigam zu spielen. Es gab Fotos, wie mein Vater mich auf dem Schoß hielt. Es gab Fotos, wie wir alle zusammen am Strand lagen. Es gab Fotos, die uns zusammen im Auto zeigten. Es gab Fotos, auf denen meine Mutter meinen Vater küsste, und jedes Mal war das Gesicht meines Vaters nur aufgeklebt. In Wahrheit war es ein anderer Mann, den meine Mutter, kurz den Sachverhalt erklärend, gebeten hatte einzuspringen.

Meine Mutter sprach mit den Fotos meines Vaters und nötigte auch mich, mit meinem Vater zu sprechen. Etwa mit jenem großen Foto, das jeden Morgen am Frühstückstisch auf einem der Stühle stand. Die länglichen beigefarbenen Brustwarzen meines Vaters schienen auf uns zu zeigen.

Als Kind fragte ich mich oft, ob mein Vater auch so lebte wie wir, mit Fotos von uns, die an seinem Bett und auf den Stühlen standen. Dort, wo auch immer er war.

Manchmal klingelte das Telefon, und meine Mutter rief durchs ganze Haus: »Vater ist am Apparat.«

Ich musste dann kommen, um mit meinem Vater zu sprechen. Manchmal war die Verbindung so schlecht, dass nichts zu hören war außer einem lauten Rauschen.

»Ist die Ferne«, sagte Mutter dann. »Ist das Meer, das du gehört hast.«

Dann wieder war seine Stimme deutlich zu hören, und er sagte: »Wir liegen vor Madagaskar. Wir haben die Pest an Bord.«

Und ich fragte: »Was ist die Pest?«

Und er sagte: »Das ist so etwas wie Masern. Nur für Seemänner.«

Eine Zeit lang rief er häufiger an. Mit jedem Anruf schien er näher zu kommen, und die Stimme kam mir immer bekannter vor. Als mit einem Mal ein Zug auf Vaters Seite der Welt zu hören war und gleichzeitig auch auf meiner, da wusste ich, dass es doch nur wieder der Nachbar war. Und als Mutter den Nachbarn irgendwann heiratete, Vaters Gesicht von den Fotos, die sie mit dem Nachbarn zeigten, entfernte, da kam mir das fast richtig vor.

Mutter ist nie glücklich gewesen. Aber früher schien es immerhin noch so etwas wie eine Hoffnung auf Glück in ihr gegeben zu haben. Nun, seit der Nachbar da war, war sie nur noch unglücklich, und es half nur wenig, dass sie den Nachbarn Kuddel nannte und dass er aß und aß und aß, um seemannsdick zu werden, dass er sich den Körper tätowierte, mit so vielen Schiffen, wie man sie auf dem richtigen Meer nie sehen würde, dass er sich einen Bart wachsen ließ, dass er einen goldenen Ohrring trug und einmal sogar eine Augenklappe. Er liebte meine Mutter wirklich, und ich verstand nicht, wieso. Noch nicht einmal meine Mutter liebte sich, wie sollte es da der Nachbar tun? Der Nachbar, der trotz Heirat immer der Nachbar bleiben würde. Selbst meine Mutter sagte noch immer »der Nachbar« zu ihm.

Seit ich sechzehn war, wartete ich darauf, achtzehn zu werden, um dieses Leben zu verlassen und mit dem richtigen Leben, so dachte ich zumindest, zu beginnen. Als es dann so weit war, da begann es mir Angst zu machen, dieses richtige Leben. Ich erkannte, dass Mutter und ich immer nur auf etwas gewartet hatten. Dass wir das Leben als etwas begriffen hatten, was einem passierte und auf das man keinen Einfluss nehmen konnte. Wir hatten auf Vater gewartet, und Mutter hatte immer gesagt, wenn Vater käme, dann käme mit ihm auch das Glück zurück. Wir hatten gewartet, doch Vater war nicht gekommen. Vater war an allem schuld.

Doch trotz jener Erkenntnis tat ich im Grunde auch nichts anderes, als zu warten. Jede Nacht ging ich zum Meer, wartete und nahm mit, was das Meer mir anbot. Ich stellte mir vor, jener Tisch hätte meinem Vater gehört. Diesen Turnschuh hätte er getragen, und als ich eines Nachts wieder draußen war und etwas Großes, Weißes am Strand liegen sah, da dachte ich auch erst, hoffte, dass es mein Vater sei.

Kurz blieb ich in einiger Entfernung stehen, bevor ich mich zögernd näherte. Das, was dort lag, sah aus wie ein großer Fisch mit Beinen. Wie das Gegenteil einer Meerjungfrau. Der Oberkörper war wie der eines Fisches, aus dem kräftige, behaarte Männerbeine ragten. Er lag da und schien bewusstlos. Doch das Maul war geöffnet, und ich meinte nun ein leichtes Schnappen zu hören.

Als ich ganz nah vor ihm stand, sah ich, dass sich sein Körper leicht bewegte.

Ich dachte nicht darüber nach, was ich tat. Es war wie ein Reflex. Fand ich etwas, musste ich es mitnehmen. Das Meer würde sich schon etwas dabei gedacht haben. Das Meer war mein Schicksal.

Ich hievte ihn auf die Schubkarre, die ich stets mitnahm, in der Hoffnung, auf große Fundstücke zu stoßen. Seine Beine waren schwer, doch der Oberkörper war leichter als gedacht. Langsam schob ich ihn zu meinem Haus. Mit einer Seilwinde, die ich am Giebel des Hauses angebracht hatte, um größere Möbelstücke alleine nach oben transportieren zu können, hatte ich ihn in meine Wohnung gezogen, wo ich ihn dann einfach vor dem Fenster liegen ließ.

Noch war er nicht bei Bewusstsein. Das große Maul schnappte immer mal wieder auf, und ein Geruch nach altem Fisch stand im Zimmer. Fast die ganze Nacht rieb ich ihn, weil ich es nicht besser wusste, mit Leitungswasser ein.

Am Morgen war ich so erschöpft, dass ich kurz eingeschlafen sein musste, denn als ich erwachte, stand der Fischmann am Fenster und sah nach draußen. Er schnappte laut nach Luft. Es klang fast empört. Der Fischgeruch war kaum auszuhalten.

Eine Weile starrte ich ihn nur an, wie er da stand. Halb Fisch, halb Mann. Ich wagte kaum, mich zu bewegen. Atmete, so leise es ging.

Irgendwann drehte er sich zu mir um und sah mich missmutig an. Er sagte nichts. Er sah mich nur an. Nicht mit diesem verdutzten, unfokussierten Blick, den Fische sonst so an sich haben, sondern er sah mich sehr eindringlich an. Die Augen waren groß, und das Zimmer spiegelte sich in seiner Gänze darin.

Kurz sah es so aus, als wolle er etwas sagen. Sich darüber empören, dass ich ihn entführt hatte, doch dann kam er mit vorsichtigen Schritten auf mich zu, ohne mich aus den Augen zu lassen.

Ich krallte mich in die Matratze. Überlegte, ob sich irgendetwas in meiner Nähe befand, mit dem ich mich zur Wehr hätte setzen können, denn er schien, je näher er mir kam, viel größer als noch in der Nacht, als ich ihn hierhergeschafft hatte – doch er ging nur zur Küchenspüle, drehte mit dem Fuß den Wasserhahn auf und trank Leitungswasser. Er ließ es sich über den Kopf laufen. Anschließend stellte er den Hahn mit dem Fuß ebenso geschickt wieder aus, während er mit dem anderen fest auf dem Boden stand.

Er begann die Küchenschränke zu durchsuchen, ohne mich dabei lange aus den Augen zu lassen. Er riss den Kühlschrank auf und nahm schließlich die angefangene Dose Thunfisch daraus hervor, deren Inhalt er sich hastig mit einem Fuß in das

Fischmaul schaufelte. Er aß noch eine Tüte Erdnussflips, altes Brot und etwas Fertigbouillabaise. Während alledem musterte er mich und wandte den Blick nur von mir ab, wenn es gar nicht anders ging. Immer wieder war das Schnappen seines Mauls zu hören. Ich meinte, die Schuppen leise klappern zu hören und wie sich die Kiemenklappen mit einem kurzen mechanischen Geräusch öffneten und wieder schlossen. Mit einem Geräusch wie früher in der Kirche, wenn der Organist die Register der Orgel betätigte.

Noch immer lag ich auf dem Bett und wagte nicht, mich zu bewegen. Der Fischmann war riesig. Während er fraß, hatte ich immer wieder die langen, spitzen Zähne in seinem Maul ansehen können. Mein Arm schmerzte sehr. Ich lag darauf. Trotzdem rührte ich mich nicht.

Der Fischmann musterte mich. Dann schien er sich zu dehnen. Er neigte seinen Oberkörper zu der einen, dann zu der anderen Seite. Schüttelte sich die Beine aus. Dann wirkte es, als würde er gähnen.

Leise drang von draußen das Meeresrauschen zu uns, das nun aber von einem anderen Geräusch übertönt zu werden begann. Es schwoll an, wurde lauter. Ich brauchte eine Weile, bis ich es als Fußstapfen identifiziert hatte. Wie eine Armee im Gleichschritt klang es.

Er ging langsam zum Fenster, bedeutete mir dann mit hektischen Kopfbewegungen, ihm zu folgen.

So langsam es mir möglich war, richtete ich mich auf dem Bett auf. Setzte vorsichtig die Füße auf den Boden und stand auf.

Abwechselnd sah er mich an, dann wieder aus dem Fenster.

Zögerlich machte ich ein paar Schritte in seine Richtung. Er nickte. Je näher ich ihm kam, umso größer wurde er. Es war fast so, als würde er wachsen. War er anfangs nicht viel größer als ich gewesen, so musste ich nun schon zu ihm aufschauen, weil er mich um ein paar Köpfe überragte.

Als ich dann fast neben ihm stand, da hätte ich selbst auf Zehenspitzen seinen Kopf nicht berühren können, so groß war er geworden.

Draußen war es jetzt still. Selbst das Rauschen des Meeres war nicht mehr zu hören. Und wenn ich nicht sofort laut aufschrie, so sicher nur, weil ich nicht begriff oder nicht glaubte, was ich dort sah. Vor dem Fenster standen unzählige solcher Wesen wie er, halb Fisch, halb Mann, die mich grimmig ansahen. Er nickte ihnen zu. Sie beugten den Kopf etwas vor, als machten sie eine Art Diener vor ihm. Er schnappte mit dem Maul in die Luft. Als Antwort schnappten sie unisono zurück. Ein gespenstisches Geräusch. In der Stille war immer wieder das Klappern ihrer Schuppen zu hören, die durch den einsetzenden Wind in Bewegungen gerieten.

Ich war nicht fähig, meinen Blick von dieser Szenerie abzuwenden. Wie gebannt starrte ich nach draußen. Kälte zog durch meinen Körper.

Die Meermänner starrten mich an. Begannen erst leise, dann immer lauter mit den Kiemen zu klappern. Als feuerten sie jemanden an. Der Geruch nach Fisch war intensiver geworden, ein kalter Luftzug umwehte mich von hinten. Als ich mich umdrehte, da sah ich nur Dunkelheit, eingerahmt von einem Fischmaul. Ein Schnappen, dem Dunkelheit folgte, die wie eine Mischung aus Schwärze und Bewusstlosigkeit zu sein schien. Ich spürte ein Schaukeln, ein Schwappen, dann schwanden mir die Sinne.

Als ich erwachte, war mein Vater bei mir. Er schien betrunken. Bekleidet mit einer weißen Hose und einem roten Halstuch, stand er vor mir und sah mich an. Er war alt geworden, und wenn ich ihn überhaupt erkannte, dann nur deshalb, weil er dieselben Sachen trug, die er auch auf dem Foto anhatte, das mich meine Kindheit und Jugend über begleitet hatte.

Ich lag auf einem feuchten Boden, der sich warm anfühlte. Von oben hing an einem schwarzen Kabel, von dem ich nicht erkennen konnte, wo es befestigt war, eine Glühbirne herab, die hin und her schaukelte und schummriges Licht verströmte, gerade so viel, dass mein Vater und ich etwas beleuchtet wurden. Gleich dahinter begann die Dunkelheit. Hätte ich die Hand ausgestreckt, sie wären nicht mehr zu sehen gewesen.

»Du brauchst keine Angst zu haben«, sagte mein Vater mit schwerer Zunge. »Wir sind in einem Fisch. Kein Grund zur Besorgnis.«

Es schaukelte stetig. Von draußen meinte ich es gluckern zu hören. Später spürte ich das Meer, das deutlich gegen die Wände des Fisches schwappte.

»In einem Fisch sind wir?«, fragte ich. »Wie kann das denn sein?«

Mein Vater zuckte mit den Schultern. »Was würde das ändern, wenn du wüsstest, wie? Wir sind und bleiben in einem Fisch.«

»Wie lange bist du hier?«

»Lange«, erklärte er. »Der Fisch kam und hat mich geholt. Kurz nachdem du geboren worden bist.«

»Das glaube ich nicht«, entgegnete ich nach einer Weile.

»Stimmt auch nicht«, sagte mein Vater nach einigem Zögern. »Ich bin Seemann. Ich liebe das Leben, wenn ich es von hoher

See aus betrachte, aber bin ich dann an Land, kann ich es kaum ertragen. Ich glaube, ich werde dann landkrank. Übelkeit und so, verstehst du?« Er rieb sich über den Bauch.

»Hast du je versucht, hier rauszukommen?«, fragte ich statt einer Antwort. Ich glaubte ihm kein Wort.

»Schon einige Male. Aber es ist ein Fisch. Hast du je von jemandem gehört, der aus einem Fisch entkommen ist?«

»Nein«, musste ich zugeben.

»Siehst du, ich auch nicht. Und ich bin lange zur See gefahren. Da hört man so einiges.«

»Komm«, sagte er nach einer Weile und streckte die Hand nach mir aus. Nach einigem Zögern griff ich danach. Vater fühlte sich kalt an. Er zog mich in die Dunkelheit, aus der ich noch einen Moment die Glühbirne hinter uns schwingen sah.

Wir gingen eine Weile, und ich dachte darüber nach, wie groß der Fisch wohl war. Ich streckte die Arme in die Luft, ohne etwas zu berühren.

Wir gingen eine Weile, bis wir eine weitere Wand erreichten, oder wie auch immer das in einem Fisch heißt. Vater presste sein Ohr dagegen und bedeutete mir, es ihm gleichzutun. Die Wand fühlte sich kalt an. Sie gab etwas nach. Dahinter spürte man deutlich Wasser.

»Dahinter ist das Meer«, sagte Vater und zog mich weiter.

Vater pfiff versuchsweise. Es schien etwas bergauf zu gehen. Noch immer war es dunkel, doch Vater schien sich blind zurechtzufinden. Er schritt zügig voran, und alles, was ich spürte, war nur Vaters kalte Hand, an der ich mich, trotz der Umstände, sicher fühlte.

Nachdem wir eine Weile gegangen waren, sahen wir Licht. Licht ist zu viel gesagt, irgendwo schien es etwas heller zu werden. Und lauter.

»Wir sind im Kopp«, sagte Vater. »Hörst du die Kiemen quietschen, wie sie sich bewegen? Das Schnappen des Mauls?«

Tatsächlich war es nun richtig laut. Ich hatte das Gefühl, mich eher im Maschinenraum eines Schiffes zu befinden als in einem Fisch. Selbst dann noch, als wir den Kopf betraten, besser: erklommen, um aus einem der Augen nach draußen zu sehen. Wir krochen die letzten Meter, bis wir zu einem der Augen vorstießen, durch dessen getönte Iris wir nach draußen sahen. Schnell zog das Meer an uns vorbei, und ich musste mich kurz an Vater festhalten, um nicht den Halt zu verlieren. Mir war schwindlig.

SCHWEBEZUSTAND

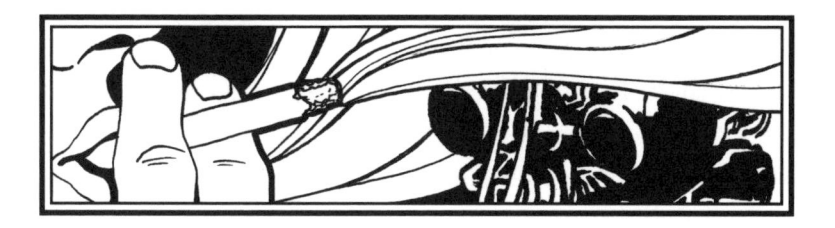

ASTROKALYPSE

In unserem Leben geschieht nicht viel. Einmal ist ein Fuchs in unserem Garten gewesen. Ein anderes Mal hatte es fast so ausgesehen, als würde es in dem Haus gegenüber brennen. Die Feuerwehr war gekommen, und ich hatte so viele Fotos gemacht, wie nur auf die Speicherkarte passten. Das war es im Grunde auch schon an Aufregungen, die das Leben für uns bereithielt. Wann immer wir eingeladen waren, erzählte ich diese Geschichten. Meine Frau war es oft, die am lautesten lachte. Wir waren nicht oft eingeladen.

Rahlstedt, dachte ich immer, und dann würde das Leben losgehen. Nena lebt in Rahlstedt, hatte meine Frau gesagt, als ich sie fragte, warum wir nach Rahlstedt ziehen sollten. Ausgerechnet Rahlstedt. Das Haus war günstig gewesen. Der Garten so groß, dass die Kinder darin spielen konnten, ohne dass man sie vom Haus aus noch sah. Es grenzte an die kaum befahrene Bahnstrecke. Manchmal bekam man hier das Gefühl, Hamburg würde Rahlstedt vergessen. Absichtlich. Und einmal im Jahr fuhren wir Rahlstedter in die Hamburger Innenstadt und protestierten. Für Rahlstedt. Gegen das Vergessen. Mit Bettlaken, auf denen Rahlstedt stand. Trillerpfeifen und Schirmmützen. Auch in Rahlstedt lebten und leben bekannte Leute. Nicht nur Nena, auch der Schauspieler Hans-Peter Korff. Und nicht zu vergessen der Dichter Detlev von Liliencron. Den aber heute leider kaum noch wer kennt. Daran ändern auch die Feste nichts, die wir jedes Jahr an seinem Geburtstag und an seinem Todestag einen Monat später abhalten und zu denen ausschließlich Rahlstedter kommen, die dann eine Liliencronwurst essen, die ohne Darm gegrillt wird und halb Fisch, halb Fleisch ist. Jedes Mal wieder lassen wir tausend Luftballons mit Helium gefüllt in die Luft steigen, auf denen nichts weiter steht als Rahlstedt, Rahlstedt, Rahlstedt und von denen wir hoffen, sie mögen den Namen unseres kleinen Stadtteils in die Welt hinaustragen. Touristen verirren sich kaum hierher, und wann immer dunkelhäutige Menschen auf der Straße zu sehen sind, ist die Aufregung groß. Ein Menschenauflauf bildet sich, und man nötigt die Besucher, die sich oft als ganz normale Hamburger herausstellen, dazu, sich auf Englisch durch den Ort führen zu lassen. Sich Sehenswürdigkeiten anzusehen wie etwa die kleine Fußgängerzone oder den Bahnhof. Es gibt sogar Ansichtskarten von alledem, doch werden sie nur selten gekauft. Und wenn doch, dann meist von Rahlstedtern wie uns, die es einfach nicht ertragen können, dass sich niemand für Rahlstedt interessiert. Nicht nur einmal hat meine Frau Postkarten an Fremde geschrieben, deren Adressen wir aus dem Internet haben. Auch in Rahlstedt gibt es Internet. Schöne Grüße aus dem schönen Rahlstedt steht vorne drauf. Dazu fünf fröhliche Rahlstedter, die am Busbahnhof eine gewisse Weltläufigkeit zu verströmen versuchen, mit großen Koffern mit Aufklebern darauf, auf denen Honolulu steht, Sankt Petersburg, Nassau und eben Rahlstedt.

Das Glück hat es bei uns in Rahlstedt leicht. Ebenso wie die Freude und die Euphorie. Wir haben keine hohen Ansprüche. Oft genügen Kleinigkeiten. Eben wie der Fuchs oder ein kleines Feuer, das sich am Ende dann nur als angebranntes Essen herausstellte.

Manchmal erschrecke ich, fährt ein Auto durch die Straße, oder streunt eine herrenlose Katze durch fremde Gärten. Hier ruft man gleich die Polizei, die froh ist über jeden Einsatz. Meist kommt man mit mehreren Streifenwagen. Es werden Fotos gemacht. Und oft berichtet die Rahlstedter Zeitung noch mehrere Tage danach über diesen Einsatz. Selbst wenn es nur eine Katze war oder ein Betrunkener, der eingenässt von einer der Bänke im Liliencronpark gefallen ist. In Homestorys, wie das in Rahlstedt heißt, werden die einzelnen am Einsatz beteiligten Polizisten vorgestellt, und man ist froh, dass in der Zeitung wieder etwas anderes steht als die Berichte über Detlev Liliencron oder Leserbriefe.

Sie können sich also sicher vorstellen, was los war an jenem Tag, an dem die Kinder morgens aufgeregt aus dem Garten ins Haus kamen und riefen: »Da liegt ein Astronaut in unserem Garten.«

Ich kannte meine Kinder gar nicht aufgeregt. Schnelle Bewegungen und Hektik kennen wir nur aus dem Fernsehen. Wir sehen gerne amerikanische Sendungen. Wie jeder Rahlstedter. Immer wieder gibt es Versuche, etwas Amerika hier nach Rahlstedt zu holen. Und dann wird Hamburg aber Augen machen. Wer ist dann Provinz und wer Metropole? Immer wieder lädt man Kriminelle hierher ein. Baut Häuser, so hoch man kann. Manch einer sprüht Graffitis an sein Haus. *Big Boys Rahlstedt Crew was here*, *This is a tag* oder einfach nur *Penis* steht dort an den Einfamilienhäusern in unserer Straße, die benannt ist nach einer winzigen Stadt in Mecklenburg-Vorpommern, in der weniger Menschen leben als in Rahlstedt.

»Was?«, fragte ich an jenem Morgen und spürte mein Herz, das in mir schlug wie ein eingesperrtes Tier, das apathisch gegen die Wände seines Käfigs springt. Aufgeregt liefen wir alle in den Garten. Da waren die Nachbarn schon an den Fenstern und auf den Zäunen. Der Zug war langsamer gefahren. Hatte sogar gestanden, weil man gespürt zu haben schien, dass etwas im Gange war. Wir sind sehr empfindlich in Rahlstedt. Wir spüren, wenn es irgendwo auch nur ein bisschen nach Halligalli riecht.

Nun standen sie schon da und sahen den Astronauten an. Machten Fotos, nickten. Doch so recht glauben konnte man es nicht. Erst dachten wir, einer unserer Nachbarn habe wieder selbst für etwas Theater gesorgt, wie wir das manchmal taten. Wir hatten sogar einen Verein gegründet. Den *Rahlstedt Action Club*. Manchmal verursachten wir absichtlich Unfälle oder gaben uns als Prominente aus, mieteten uns ein Zimmer in dem einzigen Hotel in Rahlstedt und sprachen in teurem Anzug Englisch oder Fantasiesprache. Wir mieteten Prostituierte, die am Wochenende hinter dem Bahnhof etwas Rotlichtmilieu-Atmosphäre verströmen sollten. Wir hatten sogar die Fenster des Wohnhauses des Vorsitzenden auswechseln und getönte Scheiben mit nackten Frauen darauf anbringen lassen. Ein Schriftzug komplettierte das Bild: Nackten-Treff.

Ein Mann in einem Raumanzug lag dort in unserem Garten. Er trug einen Helm. Das Visier war geschlossen. Rahlstedt spiegelte sich darin.

Immer mehr Rahlstedter kamen und sahen erst den Astronauten, dann mich an. Was ich tun würde. Genau wusste ich es nicht. Rauchend machte ich ein paar Schritte um den Astronauten herum. Hockte mich dann hin, schirmte meine Augen mit beiden Händen gegen das Licht ab und spähte ins Innere des Helmes. Ein Mann steckte darin, der im besten Falle nur schlief.

Es begann zu regnen. Wir gingen alle ins Haus und sahen durch das Küchenfenster zu, wie der Astronaut nass wurde. Noch immer regte er sich nicht.

Es regnete weiter.

Eine Stunde.

Zwei Stunden.

Überall waren Leute an den Fenstern. Es wurden mehr. Es hatte sogar geklingelt. Die Rahlstedter Presse, die gekommen war, um nun stumm neben uns zu stehen und Fotos von dem nassen Astronauten in unserem Garten zu machen. Man interviewte uns, bis meine Frau auf einmal hell aufschrie. Der Astronaut bewegte sich. Der Astronaut bewegte sich. Er rappelte sich auf und torkelte langsam auf das Haus zu. Wir alle schrien. Selbst die Reporter. Selbst diejenigen an den Fenstern der anderen Häuser. Aus den Augenwinkeln sah ich, wie der Nachbar mit seinem Schrotgewehr auf den Astronauten zielte.

Der Astronaut wankte auf unser Haus zu. Schlug dann immer wieder gegen die Terrassentür, die ich schnell abschloss. Er klappte das Visier hoch. Sagte mit tiefer Stimme: »Help. Please. Help.« Er klappte das Visier wieder runter. Dann stand er da und sah uns vermutlich an. Mit vom Schreien offenen Mündern standen wir da. Das wusste ich, weil wir uns in seinem Visier spiegelten.

Dann fiel ein Schuss. Der Astronaut fiel wie in Zeitlupe nach hinten. Auch das geschah nahezu lautlos. Dann lag er einfach bei uns im Garten wie zuvor.

Es war mein Nachbar gewesen, der mir nun zunickte und das Gewehr mit einer Hand hoch über seinen Kopf hielt, wie er das oft tat, weil auch Winnetou das tat, wie er mir einmal anvertraut hatte. »Winnetou, das ist ein Guter. Der hätte auch gut nach Rahlstedt gepasst.«

Die Ersten betraten den Garten. Unter anderen Umständen hätten wir sicher die Polizei gerufen. Doch wir wussten, dass dies ein besonderer Moment war. Ein Moment, der besondere Maßnahmen erforderte. Eine riesige Traube bildete sich um den Astronauten. Fotos wurden gemacht, bevor dann einige der Männer hervortraten, den Astronauten packten und ihn auf den Lieferwagen vom Getränkefachhändler legten. Mit Planen deckte man ihn ab. Dann gingen wir alle in unser Haus, wo meine Frau bereits Brote gemacht hatte. Schnaps wurde gereicht. Schweigend standen wir da und warteten darauf, dass die Dunkelheit kam. Niemand sagte etwas. Wir sahen aus dem Fenster: der Lieferwagen mit dem Astronauten unter der Plane.

Als es richtig dunkel geworden war, machten sich die Männer auf. Einige stiegen in das Führerhaus des Lieferwagens, der Rest hielt sich hinten auf der Ladefläche fest. So fuhren wir mit dem Astronauten los. Wir brachten ihn nach St. Pauli. Wir hatten uns als Cowboys oder Indianer verkleidet. Hatten Bauchläden mit Schnaps dabei, damit man uns für eine lustige Gesellschaft hielt, die einen Junggesellenabschied feierte. Wir hakten den Astronauten unter, zogen so durch die Bars. Gaukelten anfangs Betrunkenheit vor, die wir später verströmten und durch die jener Astronaut selbst für uns immer normaler wurde. Wir schleppten ihn auch dann noch mit, als wir das schon längst nicht mehr hätten tun müssen. Es war einfach ein gutes Gefühl, dass er dabei war. Wann immer die Gespräche verstummten, zeigte einer von uns auf den Astronauten, und wir lachten. Ja, wir lachten. Wir waren fröhlich. Richtig fröhlich.

Unser Ziel hieß *Zum Goldenen Handschuh*. Eine Hamburger Kneipe, die immer geöffnet hat. Statt einer Tür gibt es einen Vorhang. Erst tranken wir gemeinsam und ließen ihn dann später einfach dort liegen.

Wir hörten nie wieder von dem Astronauten und gerne möchte ich glauben, dass der Astronaut noch heute dort im *Goldenen Handschuh* liegt. Auch sprachen wir nie wieder darüber, und nur manchmal, wenn wir uns in Rahlstedt auf offener Straße begegneten, deuteten wir ein Schweben an und lächelten wissend.

Jedes Jahr an dem Tag, an dem wir den Astronauten bei uns im Garten gefunden hatten, treffen wir uns in unserem Haus bei Schnaps und Häppchen. Wir starren gemeinsam in den Garten, bis es dunkel wird. Auf den Fleck, an dem der Astronaut gelegen hatte. Dabei hören wir Louis Armstrong.

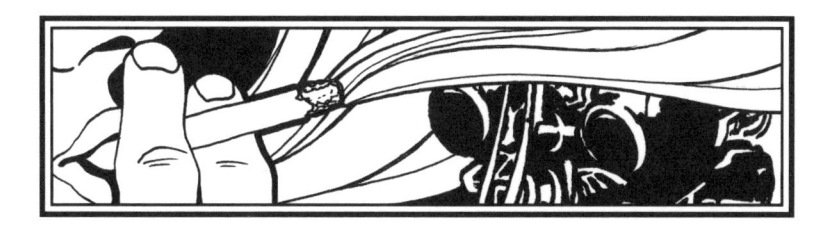

INVASION

UFOS: DAS GROSSE GEHEIMNIS

Vater hatte schon immer geglaubt, dass es da draußen irgendwo fremdes Leben geben würde. Am Ende hoffte er es.

Mutter verließ uns früh. Auch sie hatte fremdes Leben aufgespürt. Es hieß Gino, und alles, was ich erinnere, ist das Geräusch des Golfs, mit dem er meine Mutter abholte, und wie ich mit Vater am Fenster stand und wir einfach nur zusahen, wie Mutter ging.

Jeden Sonntag fuhr Vater mich nun zu Ginos Haus, wo ich im Vorgarten wartete, bis Mutter rauskam, damit ich mit ihr einmal um das Haus, durch Vorgarten, Garten und die Garage wieder in den Vorgarten wandern konnte, während Gino uns im Inneren des Hauses folgte und durch verschiedene Fenster beobachtete. Mutter rauchte dabei. Hatte sie eine Zigarette aufgeraucht, gab sie sie mir, damit ich zur Straße lief und sie dort ausdrückte. Wir gingen drei Mal um das Haus. Mutter rauchte sieben Zigaretten. Sie sagte nichts. Dann ging sie wieder rein, und ich wartete vor dem Haus, bis Vater mich abholte. Das

Haus war gelb. Ein Messingschild hing daran, auf dem Gino stand. Darunter eine kleinere Plakette mit Mutters Namen.

»Habt ihr über mich geredet?«, fragte Vater im Wagen.

»Mutter hat geraucht«, entgegnete ich.

Während ich bei Mutter war, fuhr Vater meist durch die Gegend. Auf der Rückbank und dem Beifahrersitz des Wagens hatte er zwei Kameras installiert, die die Umgebung filmten. Filme, die Vater sich abends ansah, um darin irgendetwas Ungewöhnliches zu entdecken. Er hoffte auf fremdes Leben. Doch meist war es nur karge Landschaft, die vorbeizog. Verschwimmende Menschen, die dem Wagen nachsahen. Manche schüttelten den Kopf. Andere richteten das Haar, winkten verlegen.

Ganze Nächte konnte Vater am Fenster stehen und die Straße vor unserem Haus nach fremdem Leben absuchen. Immer wieder fotografierte er die Dunkelheit. Bilder, die er am Computer aufhellte und dann allerhand in sie hineindeutete. Es war wie Bleigießen, nur in modern. Fremdes Leben fand er jedoch nie darauf. Überall suchte er danach, an Seen, in Freizeitparks oder Naherholungsgebieten. Nachts versuchte Vater, in Bars und Diskotheken fremdes Leben aufzustöbern, am Tage musste ich mit ihm auf Spielplätze gehen. Ich trug kurze Hosen, orangefarbene Nickis mit Katzen und Orang-Utans drauf. Ich war dreizehn und eigentlich viel zu alt für den Spielplatz.

»Spielt doch mal zusammen«, rief Vater.

Schwitzend hatte er mich den ganzen Weg dorthin getragen und setzte mich nun vor einem Zweijährigen ab, dessen Mutter auf einer Bank saß und Kette rauchte. Vater war traurig, und das wollte ich nicht. Ich tat ihm den Gefallen. Schaufelte klebrigen Sand in den grünen Eimer des kleinen Jungen, der mich anlächelte, während ich Vater hinter mir unbeholfen mit der Frau reden hörte: »Ständig ist er krank. Schreit nachts, und der Stuhl, so hell wie Margarine.«

Später weinte Vater und versuchte, sich an die Frau zu schmiegen. Doch diese sprang auf, schnappte ihren Sohn und lief davon.

Ich kann mir heute noch nicht vorstellen, wie, aber hin und wieder gelang es ihm, fremdes Leben zu uns zu locken. Oft war es fremdes Leben, das seinerseits fremdes Leben suchte, und kam ich dann nach Hause, roch es in der Wohnung nach Tränen. Auf dem Sofa saßen wuchtige Frauen, an denen Mutters Kleidung spannte und durchsichtig wurde, so dass ich ihnen notgedrungen in die Augen oder auf die Füße blicken musste. Frauen, die nie ein zweites Mal kamen. Die ihre Tränen und ihre Traurigkeit bei uns abluden und dann wieder verschwanden. Und Vater stand dann da, zuckte mit den Schultern und wusste gar nicht mehr, wohin mit all der Traurigkeit, die oft nach Damenachsel und Kardamom roch.

Aus dem Supermarkt brachte er Kartons mit, auf die er mit Filzstift »Traurigkeit« schrieb, dahinter römische Zahlen. Am Ende waren es so viele Kartons, dass Vater die römischen Zahlen dafür nicht mehr kannte und sie durch arabische ersetzen musste. Überall war Traurigkeit. Unter dem Bett und in den Schubladen. Er verkaufte seine Handfeuerwaffensammlung, damit mehr Platz für die Traurigkeit entstand, und auch die Uniformen, die Vater manchmal getragen hatte und von denen er sagte, sie würden ihm Halt geben. Ganz gerade stand er in ihnen da und wirkte gefasst. Nun schien er in sich zusammenzufallen wie ein Zelt, dem man das Gestänge entfernt hatte.

»Mit deiner Mutter war Liebe irgendwie anders«, sagte er einmal, als wir einer Frau nachsahen, die in der Minute zuvor noch bei uns im Wohnzimmer gesessen und geweint hatte und die nun gelöst und gelassen unten auf der Straße herumhüpfte. Die Wohnung roch nach ihren Tränen, auch Tage später noch. Wir lüfteten. Doch der Geruch blieb.

Anschließend filmte Vater das leere Wohnzimmer. Vater filmte uns, wie wir nicht schlafen konnten wegen der Kameras, die wie Augen waren. Vater filmte die Dunkelheit. Vater filmte Schrankinneres. Vater filmte den Wald, Moos, Mond, Moor und die Ostsee, während wir beide neben dem Stativ saßen und froren und das einzig Warme die kleine rote Lampe an der Kamera war, die uns zeigte, dass wir gerade etwas Leben aufnahmen, um es mit nach Hause zu nehmen, wo wir es uns wieder und wieder ansahen und es so tot wirkte wie das Hack, das Vater jeden Abend auftaute und in der Mikrowelle warm machte.

Vater nahm Stille auf, obwohl er wusste, dass man Stille nicht aufnehmen konnte. Vater spielte die Stille so laut ab, dass aus ihr ein Rauschen wurde. Rauschen, das Vater sich wieder und wieder anhörte. Es war, als würden wir am Meer wohnen. Er nahm das abgespielte Rauschen noch einmal auf, damit aus diesem Rauschen ein noch größeres Rauschen wurde, das Vater sich wieder anhörte, wieder aufnahm und so aus Stille rauschenden Krach werden ließ, in dem er mehr und mehr zu hören glaubte. Manche Stellen spielte er mir vor, weil er glaubte, seinen Namen gehört zu haben. Er heißt Heinz-Werner. Die Stille klang nicht nach Heinz-Werner. Eher schon nach Schorsch.

Vater filmte den Himmel. Den Nachthimmel. Den Taghimmel. Wir mussten die Lexikonreihe verkaufen, die Romane

UFOs: Das große Geheimnis

über Glück und Pferde von Mutter, die Romane über Krieg und Glück von Vater, um Platz in der Schrankwand zu schaffen für all die Videokassetten mit Himmel darauf, auf die Vater »Sky« schrieb samt Aufnahmedatum. Immer wieder sah er sie an, während die Kamera in der Küche bereits neuen Himmel aufnahm.

Ich glaube, die Aufnahmen beruhigten ihn. Eben weil er keine Angst haben musste, dass dort etwas geschah. Es geschah nichts. Von dem Leben, das er dort aufnahm, wusste er, dass es ereignislos blieb, vorhersehbar. Und als er eines Tages dann wirklich etwas sah, da war auch ich überrascht. Es war ein schwaches Leuchten auf einer der Himmelsaufnahmen, das nur kurz aufschien und alles Mögliche hätte sein können. Immer wieder sah Vater sich diese Stelle an. Langsam, schneller, fotografierte den Bildschirm in dem Moment, in dem es dort auftauchte, in dem Moment, in dem es verschwand. Er sah sich die Fotos an. Ließ die Fotos vergrößern, so dass das Leuchten ein Leuchten blieb, nur grobporiger wurde.

Jede Nacht wieder filmte er die Stelle des Himmels, an der das Leuchten aufgetaucht war, und tatsächlich sah er das Leuchten häufiger. Ein schwaches, milchiges Leuchten, das er am Ende auch ohne die Kamera sah. Vater schlief nun tagsüber und betrieb nachts seine Forschungen, wie er das nannte. Himmelsexperimente, bei denen er meist am Fenster saß, Kette rauchte, Filterkaffee trank und den Himmel fokussierte. Auf das Leuchten wartete, das, so sagte Vater zumindest, jede Nacht wieder verlässlich erscheinen würde. Ein Leuchten, von dem er nicht wisse, was es sei, aber ein Leuchten, das ihn glauben lasse, dass dort noch mehr existiere. Ein Leuchten, das ihm Mut mache. Einfach weil es immer wiederkäme. Beständigkeit.

Er fotografierte das Leuchten, rahmte es und hängte es in den Flur. Jeden Tag wieder, und am Ende waren es so viele Aufnahmen, dass wir Mutters Bilder abnehmen mussten, um genug Platz für das Leuchten zu haben. Wir wissen bis heute nicht, was das für ein Leuchten ist. Ob es wirklich UFOs sind? Auf alle Fälle kommt es jede Nacht wieder. Und Vater sagt: »Es reicht mir, dass ich es aufgespürt habe. Ich muss nicht wissen, was das ist. Wirklich nicht. Wichtig ist nur, dass es da ist und dass es dableibt. UFOs? Außerirdische? Kosmische Strahlen? Alles ganz egal. Hauptsache, es bleibt, Oskar. Bleiben ist wichtig. Nur das Bleiben.«

DIE BLUTSPUR

STECKDOSENANOMALIE

Mein Mann hockte auf allen vieren vor der Steckdose, kniff ein Auge zu und starrte mit dem anderen in eine der dunklen Öffnungen.

»Mit der Steckdose stimmt was nicht«, sagte er, ohne sich, wie so oft, nach mir umzudrehen.

Mein Mann trug, wie immer im Sommer, nichts als eine weiße Unterhose, und ich wusste nicht, warum, aber wann immer ich ihn so dort hocken sah, mit seinem schlaffen Hintern in der ebenso mit den Jahren schlaff gewordenen Unterhose, es erfasste mich eine tiefe Traurigkeit. Vergänglichkeit, dachte ich jedes Mal wieder. Nichts weiter, einfach bloß Vergänglichkeit. Manchmal stand ich mit Tränen in den Augen hinter ihm, weinte lautlos, während ich den Hintern meines Mannes anstarrte, ohne dass mein Mann es je bemerkt hätte.

Hartmut ist Elektriker. Seine Knie sind dick und schartig, weil er fast sein ganzes Leben vor irgendwelchen Steckdosen gehockt hat. Richtige Wülste bilden seine Knie, die, wenn er mal lange

Hosen trägt, durch den Stoff drücken. Sitzt er, glaubt man oft, er habe etwas auf dem Schoß. Hartmut hat immer einen Phasenprüfer bei sich, den er, wann immer sich dazu die Gelegenheit bietet, in fremde Steckdosen steckt, um die Spannung zu prüfen. Ich habe ihn schon in Boutiquen auf allen vieren vor Steckdosen gefunden, trat ich wieder aus der Umkleidekabine. Ebenso prüfte er den Strom bei Ärzten, in Supermärkten oder Behörden.

Hartmut hat nicht viele Freunde. Ein Umstand, der früher nie wirklich aufgefallen ist. Erst seit er nicht mehr arbeitet, ist es mir bewusst geworden. Der Strom ist für Hartmut zu einem Freund geworden, und seit er nicht mehr arbeitet, verbringt er viel Zeit mit ihm. Ich arbeite als Sekretärin in einem Unternehmen für Sanitätsbedarf. Zumindest habe ich das bis vor einem Jahr, bevor man mir kündigte. Ich habe das Hartmut nie gesagt. Ich habe Angst vor der vielen Zeit, die wir dann miteinander verbringen müssten. Ich glaube, Zeit tut uns nicht gut.

Nun leuchtete Hartmut mit einer Taschenlampe in das Innere der Steckdose und wiederholte, dass etwas damit nicht stimme.

Es gibt ganze Tage, an denen ich Hartmuts Gesicht nicht zu Gesicht bekomme, sondern nur seinen Hintern anblicke, mit diesem Gespräche führe, weil Hartmut vor einer der Steckdosen hockt, hineinblickt, etwas hineinsteckt oder auch daran riecht. Er könne Spannungsschwankungen riechen. Er sei stromfühlig, so wie andere wetterfühlig seien, hat er mir einmal großspurig erklärt und sich dabei sogar nach mir umgedreht. Ich glaube, in den fast zwanzig Jahren unserer Ehe habe ich mich häufiger mit seinem Hintern unterhalten als mit seinem Gesicht. Jede Falte, jede Veränderung habe ich daran wahrgenommen, wie er mit jedem Jahr an Straffheit verlor und wie ein schrumpeliger Apfel in sich zusammensackte. Heute scheint es so, als würde er nur noch von der Unterhose gehalten. Hängebacken. Hartmut hat Hängebacken.

Sein Hintern war auch das Erste, was ich je von ihm gesehen habe. Er hockte bei meiner Schwester unter dem Esstisch und reparierte die Steckdose darunter. Während wir uns bei Gebäck und Yogi-Tee unterhielten, lugte sein Hintern unter dem Tisch hervor, und wir hörten nur seine Stimme. Immer wieder versicherte er, wir sollten uns von ihm nicht stören lassen, er sei Elektriker und könne ein Geheimnis für sich behalten. Auch er unterliege so etwas wie einer Schweigepflicht. Manchmal würde er sogar beichten. Dem Strom würde er Dinge beichten.

Meine Schwester und ich hatten höflich gelacht, in der Annahme, es handle sich dabei um einen Witz. Erst nach der Hochzeit sollte ich herausfinden, dass Hartmut überhaupt nicht komisch war. Alles, was er sagte, war ernst gemeint. Absolut ernst. Die einzigen Momente, in denen Hartmut aussah, als lache er, war, wenn der Strom ihn gebissen hatte, wie er das nannte, und sich sein Gesicht vor Schmerz verzog. Nach dieser Erkenntnis schloss ich mich kurz im Badezimmer ein und atmete Luft aus dem Lüftungsschacht. Dass er fast fünfzehn Jahre älter war als ich. Daran dachte ich in diesem Moment. Schämte mich aber augenblicklich dafür.

An diesem Abend hockte Hartmut zwar nicht mehr vor der Steckdose, doch ich spürte, dass er die ganze Zeit, während wir fernsahen, zu ihr hinübersah. Später stand er auf, um seinen

Phasenprüfer in eins der Löcher zu schieben, um zu sehen, ob sich etwas am Strom verändert hatte.

»Der Strom ist weg«, schrie er irgendwann aufgeregt in dieser Nacht.

Ich hatte fest geschlafen. Ich verbringe den Tag meist im Park. Acht Stunden sind eine lange Zeit, wenn man im Grunde nichts zu tun hat. Am Abend bin ich meist erschöpfter als früher nach der Arbeit. Es ist die frische Luft, meine Wangen sind stets gerötet, und ich sehe so gesund aus, wie ich mich schon lange nicht mehr fühle. Nur vage glaube ich wahrgenommen zu haben, wie er sich zuvor unruhig im Bett gewälzt hatte. Einmal meine ich gehört zu haben, wie er aufgestanden und ins Wohnzimmer zur Steckdose gegangen war. Nun hörte ich ihn am Sicherungskasten. Licht, überall leuchtete Licht. Hartmut ging die Steckdosen ab.

»Birgit!«, rief er. Es klang immer wie Brr-gitt.

Ich stand auf und ging ins Wohnzimmer, in dessen Mitte er stand und theatralisch wie ein Tänzer auf die Steckdose zeigte.

»Die Steckdose«, sagte er. »Die Steckdose, Birgit.«

Ich band mir den Gürtel des Bademantels fester um die Taille, als könne der dicke Frotteestoff mich vor dem Leben beschützen. Erst recht, als ich die Steckdose anblickte. Blut lief aus einer der Öffnungen und rann an der Wand herunter. Blut! Es war frisches Blut. Das war deutlich zu sehen.

»Siehst du«, sagt er, »wie ich gesagt habe. Mit der Dose stimmt was nicht.«

Die ganze Nacht verbrachten wir auf dem Sofa und starrten die Steckdose an, aus der immer mehr Blut lief. Es war zwar nicht viel, doch genug, dass am Morgen eine kleine Lache darunter stand, die wir ebenso fotografierten wie die blutende Steckdose.

Hartmut entnahm eine Blutprobe und schickte sie an seinen Bruder, einen Tierarzt in Mecklenburg-Vorpommern, zu dem er seit Jahren im Grunde keinerlei Kontakt mehr unterhielt. Er solle die Probe untersuchen, schrieb Hartmut formlos auf einen Haftzettel, auf dem für einen Elektrogroßmarkt geworben wurde.

Am übernächsten Tag klingelte das Telefon. Es war sein Bruder, der mir mitteilte: »Hier ist sein Bruder. Das ist Dackelblut.« Dann legte er wieder auf.

In den folgenden Tagen war Hartmut nun ständig mit dem Ohr an der Wand. Er klopfte dagegen. Lauschte, ob ein Hund irgendwo hinter der Wand mit der seltsamen Steckdose zu hören war.

»Eingemauert«, sagte Hartmut, »der Dackel ist da vielleicht eingemauert.«

»Ach«, sagte ich, »Hunde sind im Haus doch gar nicht erlaubt.«

Mit großen Augen sah er mich an. Ich wusste auch nicht, warum ich das gesagt hatte. Vielleicht war es die Hoffnung, dass Anormales sich einfach so verbieten lasse.

Wir klebten schließlich Heftpflaster über die beiden Öffnungen der Steckdose. Schoben eine kleine Kommode davor, schoben eine große Kommode davor, als könnten wir so einfach vergessen, dass sich dahinter eine blutende Steckdose befand.

Wir sind nicht gläubig. Wir sind wirklich nicht gläubig. Warum auch?

Wir sahen kaum noch fern. Meist saßen wir da und lauschten. Hartmut gab vor, sich mit mir zu unterhalten, doch ich spürte, dass er nicht bei der Sache war. Noch weniger als sonst. Ständig starrte er die Kommoden an.

»Still!«, schrie er immer mal wieder, weil er meinte, etwas gehört zu haben. Und einmal, als wir uns beide auf Knien vor die Kommode gehockt hatten, da hatten wir tatsächlich geglaubt, irgendwo dahinter etwas atmen hören zu können. Ein Luftzug. Hartmut hatte steif und fest behauptet, es würde nach Mundhöhle riechen. Am Tag darauf lief das dunkle Dackelblut unter der Kommode hervor.

Mut kennen wir sonst nur aus dem Fernsehen. Wir haben eine kleine Hausbar, mit deren Hilfe wir die Unwägbarkeiten des Lebens zu umschiffen versuchen. Wir tranken nun etwas. Hartmut Köm, ich Damenschnaps. Irgendwann waren wir dann so weit. Wir schoben beide Kommoden beiseite.

Das Pflaster war vollgesogen mit Blut. Die Steckdose selbst war blutverkrustet. Darunter stand eine Blutlache, die nun so groß war, dass ich kaum glaubte, dass es sich bei dem Blut um das eines Dackels handelte. Es hätte schon ein sehr großer Dackel sein müssen, der nun blutleer gewesen wäre.

Ich bemerkte, dass das Pflaster sich bewegte. Es blähte sich nach außen, bevor es dann hastig nach innen gesogen wurde, sich anschließend wieder langsam nach außen blähte. An einer Stelle klebte es nicht mehr richtig. Nun war auch noch so etwas wie ein leises Pfeifen zu hören.

Hartmut zog plötzlich den Streifen ab und schien fast am meisten von sich überrascht. Erschrocken sah er erst das Pflaster in seiner Hand an, dann mich. Sofort war ein warmer Luftzug auf der Haut zu spüren, der tatsächlich aus den Öffnungen der Steckdose kam.

Hartmut bückte sich, bis sich sein Gesicht auf Höhe der Öffnungen befand.

»Es riecht komisch aus dem Loch«, sagte er, nachdem er Luft aus einem der Löcher inhaliert hatte.

Er forderte mich auf, ebenfalls daran zu riechen. Nach anfänglichem Zögern gab ich schließlich nach. Ich wusste nicht, wie es sonst aus Steckdosen roch. Es war im Grunde das erste Mal, dass ich an einer Steckdose roch. Doch auch wenn ich es nicht wirklich wollte, so musste ich meinem Mann doch beipflichten: Es roch komisch aus der Steckdose. Der Geruch kam mir bekannt vor, ohne dass ich sagen konnte, woher, noch, was es war. Ich wusste nur, dass ich ihn schon einmal irgendwo gerochen hatte.

»Ich höre Stimmen«, flüsterte Hartmut. Er hatte sein Ohr auf die Steckdose gepresst.

Seit der Entdeckung der Anomalie der Steckdose, wie mein Mann das nannte, bemühten wir uns, möglichst lautlos zu sein. Wir verständigten uns mit Handzeichen. Flüsterten, wenn es gar nicht anders ging. Nachdem er leise die Schutzabdeckung der Steckdose abgeschraubt hatte, begann er so lautlos, wie es ihm nur möglich war, mit einem Meißel auf das Mauerwerk einzuschlagen. Später schien es ihm egal, ob man hörte, was er dort tat, und nahm einen Hammer zu Hilfe. Immer wieder. Tage und Nächte ging es so. Mein Mann war erschöpft und doch so voller Energie, wie ich ihn schon lange nicht mehr oder vielleicht auch noch nie erlebt hatte. Ich glaube, das erste Mal in seinem Leben wollte er etwas. War er von etwas ergriffen und beseelt. Ich kannte ihn so nicht und wünschte, er hätte sich je mit solcher Intensität und Leidenschaft nach mir gesehnt. Fast war er fröhlich. Er lachte oft laut- und auch grundlos. Umarmte mich, so häufig, dass es mir fast schon unaufrichtig vorkam. An einem Abend hatten wir uns sogar geliebt. Seit Monaten das erste Mal. Wir hatten es vor der Steckdose getan. Ich auf dem Rücken, Hartmut auf mir. Mein Gesicht drehte er so, dass ich die Steckdose ansehen musste, neben die er seine Hände gegen die Wand presste.

Das Loch um die Dose wurde größer. Ohne dass sich, so schien es, dahinter etwas befand. Eigentlich war nebenan ein Bürokomplex, und nun fiel mir auf, dass ich schon lange nicht mehr das aufgeregte Klingeln der Telefone, das Surren der Faxgeräte vernommen hatte, das früher bis spät in die Nacht von dort zu hören gewesen war. Es war seit Tagen schon still. Noch immer lief frisches Blut aus den Öffnungen. Hin und wieder waren Stimmen zu hören. Eines Tages dann hörte ich meinen Mann schreien. Wieder war er schon früh aufgestanden und hatte auf das Mauerwerk eingeschlagen. Die ganze Wohnung stand voller Staub, und aus Atmen war eine Art Hyperventilieren geworden. Die Augen brannten. Unser Haar war weiß, und doch würde ich sagen, es war fast unsere glücklichste Zeit. Das erste Mal bekam ich eine Vorstellung davon, dass das Leben tatsächlich so sein konnte wie im Fernsehen.

»Ein Rohr«, sagte mein Mann.

Wir starrten in die dunkle Öffnung, aus der nun die Stimmen, die wir auch zuvor schon wahrgenommen hatten, etwas deutlicher zu hören waren.

»Hallo!«, rief mein Mann hinein.

Schnell legte ich ihm die Hand über den Mund, aus Angst, was auch immer da in der Dunkelheit war, es könne uns hören und zu uns kommen. Uns holen.

Doch es kam nichts. Dort hinten, irgendwo in der Dunkelheit, schien das Leben unbeirrt weiterzugehen, und ich fragte mich ernsthaft, was dort war. Was waren das für Stimmen? Geister? Dämonen?

Wir wagten nicht nachzusehen. Wir hatten Angst. Und trotz Schnaps fiel uns nichts Besseres ein, als einen großen Schrank davorzuschieben. Als könnten wir so alles ungeschehen machen, das Loch, das Rohr. Ein paar Stunden lang versuchten wir, uns Normalität vorzugaukeln. Wir sahen Jauch.

In dieser Nacht konnten wir noch weniger schlafen als ohnehin schon. Wir lagen da und dachten an das Loch in unserem Leben, das nun hineingeschlagen worden war und durch das unser Leben wie ein leckgeschlagenes Boot voll Abnormität lief und am Ende vielleicht sogar zu sinken drohte.

»Komm«, sagte mein Mann irgendwann, »wir können nicht einfach so ein Loch in unser Leben schlagen und es dann dabei belassen.«

Er griff nach meiner Hand.

»Ja«, sagte ich. Mir standen Tränen in den Augen.

Schweigend zogen wir uns feste Kleidung über. Jeder die, von der er glaubte, dass sie ihm in einem Rohr nützlich sein könne. Dazu das feste Schuhwerk, mit dem wir immer mal in die Berge gewollt hatten. Ich zog noch einen dicken Anorak über. Mein Mann steckte Taschenlampe und Taschenmesser ein. Dann krochen wir in das Loch.

Die Dunkelheit fühlte sich kalt an. Nass. Ein kleines Blutrinnsal floss durch das Rohr, das wärmer wurde, je tiefer wir hineinkrochen. Auch die Stimmen wurden lauter. Es war nicht zu verstehen, was sie sagten, doch deutlich waren irgendwann, als wir uns weit genug im Rohr befanden, die Stimme eines Mannes und einer Frau zu hören. Mein Mann, der vorweggekrochen war, flüsterte irgendwann: »Birgit, da ist Licht.«

Er stoppte. Ich sah über seinen Hintern hinweg. Tatsächlich, dort vorne war Licht zu sehen. Zwei kleine Lichter, um genau zu sein. Ich fragte mich, ob das Rohr an einer anderen Steckdose endete, die ein anderes Leben mit Strom versorgte? Doch wo war dann der Strom? Hier war nur das Dackelblut.

Wir krochen weiter, so lautlos es uns eben möglich war, bis kurz vor die fremde Steckdose. Mein Mann legte sich flach auf den Boden, um durch die Öffnung sehen zu können. Er schien zu erschrecken. Immer wieder hob er kurz den Kopf, um anschließend erneut durch die Öffnung zu blicken. Er schüttelte den Kopf. Bedeutete mir dann, selbst hindurchzusehen. Von seinem Kinn tropfte Blut.

Anfangs begriff ich es nicht. Es war kaum zu glauben. Doch der Raum, den ich dort durch die Öffnung sah, sah exakt so aus wie unser Wohnzimmer. Und hätte sich dafür vielleicht noch eine Erklärung finden lassen – IKEA –, so doch ganz sicher nicht für das, was dann geschah. Ein Mann und eine Frau betraten das Zimmer. Anfangs kamen sie mir nur bekannt vor, bis ich dann realisierte, dass es sich bei den beiden um mich und meinen Mann handelte. Sie waren wie wir, und doch wirkten sie anders. Erst wusste ich gar nicht, was es war. Aber vermutlich lag es an dem Lächeln auf ihren Gesichtern, diese sanften, zufriedenen Züge. Die Zeit schien im Umgang mit ihnen gnädiger gewesen zu sein.

Wir hockten da und starrten abwechselnd durch die Öffnungen der Steckdose hindurch. Die beiden saßen im Wohnzimmer und tranken Rotwein. Tanzten später zu Musik, die wir nicht kannten. Küssten sich immer wieder. Liebten sich schließlich in einer Art auf dem Sofa, dass ich kaum hinschauen mochte. Immer wieder schüttelte mein Mann entsetzt den Kopf und schien doch fasziniert, immer wieder sah er durch die Löcher hindurch.

Erst spät gingen die beiden ins Bett. Als wir dann glaubten, sie müssten jetzt eingeschlafen sein, löste mein Mann vorsichtig die Abdeckung der Steckdose. Er klopfte gegen die Wand.

»Gipskarton«, flüsterte er.

Lautlos brachen wir Stücke heraus, die wir hinter uns im Rohr deponierten. Etwa eine halbe Stunde waren wir beschäftigt, bis dann die Öffnung groß genug war, dass wir durch sie hindurch in unser anderes Leben schlüpfen konnten.

Auf den ersten Blick hätte man wirklich glauben können, es sei unser Wohnzimmer. Erst nach und nach entdeckten wir die kleinen Unterschiede. Es war wie auf den Suchbildern aus der Apothekenzeitschrift. Die Fotos, die an den Wänden hingen, zeigten dieselben Motive: ich und Hartmut am Meer, ich und Hartmut vor einem Baumstumpf, Hartmut in einem Motel in der Bretagne, ich, wie ich auf die Skulptur eines nackten Mannes zeige. Doch waren auf unseren Fotos in unseren Gesichtern die Strapazen zu erkennen, so wirkten wir hier jünger und zufriedener. Statt der Bücher über den Krieg standen hier Bücher über Gärtnerei und richtige Ernährung im Regal. Ein kleiner Hund schlief in einem Körbchen und leckte nun freudig an unseren Beinen.

Es waren nur Nuancen, die das Hier von unserem Dort unterschieden. Der Geruch war anders. Sämtliche Farben kräftiger. Mich erfasste hier eine Heimeligkeit, die ich so gar nicht kannte. Ich verspürte so etwas wie Leichtigkeit.

Es war nicht schwierig, sich in der Wohnung zurechtzufinden. Sogar die Möbel schienen fast identisch. Doch nahm man diese Wohnung in ihrer Gesamtheit wahr, so war es doch völlig anders hier, und das erste Mal hatte ich das Gefühl, etwas gefunden zu haben, nach dem ich mich immer gesehnt hatte, ohne gewusst zu haben, was es war, wonach ich mich da sehnte. Geborgenheit. Anders ließ es sich nicht beschreiben. Ich fühlte mich hier geborgen.

War eben noch eine Leichtigkeit und auch eine erschöpfte Zufriedenheit in mir gewesen, so stieg nun, so plötzlich, dass ich erschrak, Wut in mir auf, die ich mir erst gar nicht erklären konnte. Die Wut wuchs, als mein Mann und ich in unserem Schlafzimmer standen und uns ansahen. Wir lagen dort in unserem Bett. Eng umschlungen. Mit Gesichtern, die entspannt wirkten. Die nicht ständig zusammenzuckten wie unsere, wenn wir wieder einmal von Intensivstationen und Schlachthäusern geträumt hatten. Schuld und Sühne lag auf dem Nachttisch, auf dem bei uns nur der Kicker lag.

Wir standen da und beobachteten uns. Ich hätte Fotos gemacht. Es tat gut, zu sehen, wie man aussah, wenn man glücklich war. Andererseits verstärkte es auch die Sehnsucht, die in diesem Falle wohl Neid zu nennen war. Neid, ja.

Ich setzte mich neben mich. Roch mein Haar, das nach irgendwelchen verdammten Früchten duftete. Selbst im Halbdunkel schien ein gewisser Glanz davon auszugehen. Es fühlte sich weich und warm an, als ich darüberstrich. Aus meinem Mund strömte der warme Atem der Zufriedenheit. Es roch daraus nach Hygiene, nach Zahnzwischenraumreinigung. Es roch nach einem Richtig.

Erst sah mein Mann mich nur erschrocken an. Kurz schien er mich abhalten zu wollen, bevor er es mir dann gleichtat. Ich war ja selbst erschrocken. War ich. Wirklich. Ich begriff erst so richtig, was ich da tat, getan hatte, als es schon zu spät war. Ich weiß nicht, ob ich sonst durchgehalten hätte. Ein Instinkt. Es war ein Reflex, als ich die Bettdecke genommen und sie fest aufs Gesicht der Frau gepresst hatte. Auf mein Gesicht. Es gab einen kurzen Moment, in dem wir uns ansahen. Kurz darauf erstarb ihr Atem.

Wir zogen die beiden in das Rohr. Ich räumte Regalfächer leer, deren Böden mein Mann über das Loch in der Wand schraubte. Wir schoben einen Schrank davor. Anschließend legten wir uns in das noch warme Bett und schliefen fast sofort ein. Ich träumte in dieser Nacht von warmen Plätzchen und einem molligen Bären.

VATER MORGANA

PATER TRANSFORMATA

Mein Vater war unter seltsamen Umständen ums Leben gekommen. Eines Tages war er einfach in die Elbe gegangen, bis ihm das Wasser über dem Kopf gestanden hatte. Stunden war nichts weiter geschehen. Dann waren zwei Polen gekommen, die ihn aus dem Wasser gezogen und am Strand vergraben hatten. Wir kannten sie nicht. Standen nur da. Wussten nichts zu sagen.

Wir hatten gegrillt und uns nichts weiter dabei gedacht, als mein Vater in die Elbe gegangen war. Mein Vater ist seltsam. War seltsam. Mit dem Reden hatte er es nicht so. Ein schmächtiger Mann, der den Mangel an Durchsetzungsvermögen auch mit Gewalt nicht wirklich auszugleichen verstand. Stritt man mit ihm und wusste er dann nicht weiter, hielt er sich etwa ein Messer an den Hals und drohte, sich umzubringen, gäbe man nicht zu, dass der HSV der beste Verein der Welt sei. Oder er presste sein Gesicht auf den Grillrost und drohte damit, sich bis zur Unkenntlichkeit zu verkokeln. Er besaß einen Revolver, den er bei jeder Diskussion aus dem Wohnzimmerschrank holte und demonstrativ auf den Tisch legte oder ihn gleich in den Mund nahm und einen ernst über den Lauf hinweg ansah. Wir hatten uns daran gewöhnt. Wir hatten uns wirklich daran gewöhnt. Berichte über Selbstmordattentäter verfolgte er mit größtem Interesse. Er besuchte Seminare zum Thema »Selbstverbrennung und -verstümmelung« und hatte sich einmal bei einem Streit mit meiner Mutter eine Fingerkuppe abgeschnitten.

»Hör auf«, hatte er geschrien, »sonst geht das Verstümmeln weiter!«

Ich weiß nicht mehr, worum es beim letzten Streit gegangen ist. Ich glaube, welches das bessere Tier sei, Hund oder Pferd, er war für Hund. Bei seiner Beerdigung sagte der Pfarrer: »Tja, was sagt man dazu.«

Um meinen Vater nicht zu vergessen, hatte ich das schönste Bild von ihm, das ich finden konnte, vergrößern und rahmen lassen und über das Fußende meines Betts gehängt. Ein Bild, auf dem er ernst den Betrachter ansieht und für seine Verhältnisse fast nachdenklich wirkt. Es war gut, ihn dort zu wissen. Schon als Kind hatte ich es genossen, wenn mein Vater mir vorlog, er bleibe die ganze Nacht an meinem Bett sitzen und passe auf mich auf, nur um am nächsten Tag mit einer Schweinepfote in der Hand aufzuwachen, mit der er seine Hand ersetzt hatte, um sich aus dem Zimmer schleichen zu können, sobald ich die Augen geschlossen hatte. Ich hatte meinen Vater immer geliebt. Und ich glaube, er mich, irgendwie, auch. Doch wann immer ich ihm etwas in der Art sagen wollte, hob er die Hände und rief: »Schwul mich nicht voll, Jochen.« Und nun war er tot, und was es noch zu sagen gegeben hätte, konnte er nicht mehr hören.

Es begann mit Haarausfall. Bis zur Beerdigung meines Vaters hatte ich sehr volles dunkles Haar gehabt, das viele immer glauben ließ, mein Vater sei nicht mein richtiger Vater, sondern ich entstamme dem Italienurlaub, in dem meine Mutter vor vielen Jahren einmal gewesen ist, allein, und von dem es allerlei Fotos gibt, die im früheren Haus meiner Eltern über der Treppe hingen. Auf ihnen sieht meine Mutter so glücklich aus, wie sie das im richtigen Leben nie war. Auf den meisten trägt sie einen gestreiften Bikini oder ist oben ohne zu sehen, wie sie auf dem behaarten Rücken eines Italieners reitet. Wie sie von zwei behaarten Italienern lachend ins Meer geworfen wird. Oder wie sie sich auf einem Pferd an einen behaarten Italiener in knapper Badehose schmiegt. Mein Vater dagegen schien nie wirklich Haar besessen zu haben, und wenn man sah, was er mit dem wenigen, was er besaß, tat, so konnte man das im Grunde nur gutheißen. Frisuren hielt Vater für homosexuell. Und nun fielen mir die Haare aus und verfärbten sich, bis sie zu dieser Art anklagendem Halbkranz geworden waren, den auch mein Vater getragen hatte. Eine Art halber Kornkreis, in dem sich seine Wut immer zuerst zeigte, wenn die vom Resthaar eingeschlossene Stelle des Kopfes sich purpurfarben verfärbte.

Kurz darauf schon meinte ich, ich würde kleiner werden. Ein Verdacht, der sich nach einigen Tagen des Nachmessens bestätigte. Ich schien in mich zusammenzufallen, fast so, als entferne man mir in den Nächten einen um den anderen Knochen. Wie bei einem Schrumpfkopf, nur am ganzen Körper. Am Ende glich meine Haltung der gekrümmten Statur meines Vaters, der immer etwas gesucht zu haben schien und dessen Gang etwas Leidendes, fast schon Anklagendes gehabt hatte. Nicht zuletzt wegen des steifen Beins. Mein Vater war eines Morgens ächzend aus dem Schlafzimmer gekommen und hatte sich vor Mutter und mir, den Frühstückstisch umklammernd, aufgebaut und mit Grabesstimme verkündet: »Annegret. Jochen. Ich habe nun ein steifes Bein.«

Es war eine Tatsache, über die wir nie ein Wort verloren. Auch zum Arzt ging Vater nie deswegen, noch unternahm er sonst etwas. Manchmal glaubte ich auch, dass dieses Bein etwas war, was er sich immer gewünscht hatte. Wie Jesus sein Kreuz zog mein Vater stolz sein steifes Bein hinter sich her, und immer hatte man es im ganzen Haus hören können, ging Vater mahnend darin umher. Mir war es oft wie ein großer Zeigefinger erschienen, wenn mein Vater dieses Bein auf den braunen Cordhocker hievte, den man eigens zu diesem Zweck angeschafft hatte.

»Junger Mann, ich brauche einen Hocker für dieses Bein. Es ist steif. Es ist vollkommen steif«, hatte er dem Möbelverkäufer ernst mitgeteilt. Auf diesem Hocker richtete er meist das Bein so lange mit beiden Händen aus, bis es exakt auf sein Gegenüber zeigte. Meist war ich das.

»Dieses Bein ist auch für dich steif geworden, Jochen. Für dich und deine Sünden. Wie Jesus«, hatte er einmal in solch einem Moment zu mir gesagt und ein wenig das Hosenbein hochgezogen, damit ich einen Blick auf das nicht nur steife, sondern auch unnatürlich weiße Bein werfen konnte.

Und nun spürte ich, spürte wirklich, wie auch mein Bein versteifte. Sich auch mit aller Macht kaum noch krümmen ließ und morgens wie ein Alligator, der sich nun daranmachte, mich vom Rumpf her zu verspeisen, in meinem Bett zu liegen schien.

Schon kurz darauf nahm ich Vaters Foto ab. Doch es schien

schon zu spät zu sein. Ich hieß nicht nur wie mein Vater, ich begann nun auch so auszusehen. An manchen Morgen roch sogar mein Schlafzimmer nach ihm, ein Gemisch aus Aftershave und Schlachtabfällen. Es roch derart intensiv nach ihm, dass ich nicht nur einmal der festen Überzeugung gewesen war, mein Vater sei die Nacht über bei mir gewesen. Habe mich im Schlaf beobachtet.

Bis zu seinem Tod hatte ich mit meinem Vater eigentlich nie etwas gemein außer unserem Namen. Wir hießen beide Jochen. Ich bin sehr groß, sehr breitschultrig, mein Gesicht hat die ebenmäßigen Züge meiner Mutter, und wie gesagt, man wäre nie darauf gekommen, dass ich der Sohn meines Vaters sei. Manchmal glaube ich auch, dass er mich deshalb nach sich benannt hat. Mein Vater wollte immer schon, dass ich wurde wie er. Oft schenkte er mir alte Kleidung von sich oder bat mich, mit ihm stumm Baustellen anzusehen. Stunden konnte er das tun. Doch alles, was ich wollte, war, nicht so zu werden wie er. Fast mein ganzes Leben brachte ich damit zu, mich so weit von meinem Vater zu entfernen, wie es nur ging. Ich engagierte mich im Tierschutz. Zwang mich zu einem gehörigen Maß an Homosexualität. Ich trug die Haare so lang wie meine Mutter. Sang manchmal Lyrik zu gezupfter Gitarre auf Englisch. Ich hatte einmal sogar eine Clownsschule besucht. Doch nun war all das ganz egal. Fast schien es, als dränge das Erbgut meines Vaters mit aller Macht aus mir hervor. Als wolle es mich entlarven. Mich daran erinnern, wo ich herkam und wo ich hingehörte.

Ich färbte mir die Haare, trug Perücken, doch ganz egal, was ich auch tat, es blickte mir aus jedem Spiegel mein Vater entgegen, der sich verkleidet zu haben schien. Und seltsamerweise kam es mir so vor, als würde mit dem Umstand, dass ich mir selbst fremd wurde, mir mein Vater vertrauter. Ich ertappte mich, wie ich gemeinsam mit meinem Spiegelbild im Badezimmer so laut geschimpft hatte, dass unsere Altmännerbrust sachte zu zittern begonnen hatte. Einmal hatten wir gemeinsam gelacht, und als ich mir dessen bewusst geworden war, war ich fast erschrocken gewesen. Ich hatte eigentlich nie mit meinem Vater gelacht. Meist erfasste Stille den Raum, auch später noch, war ich bei meinen Eltern zu Besuch. Früher war wenigstens noch Paco, mein Freund, dabei gewesen. Und dessen kleiner Hund Daisy. Dann hatten wir alle immer dagesessen und den Hund betrachtet, der kleine, nichtige Kunststücke machen konnte und den mein Vater immer wieder lobte. Auch da hatten wir nicht viel gesagt, waren aber dank des Hundes glücklich gewesen. Selbst mein Vater hatte gelacht. Nicht dies schmerzhafte Nachkriegslachen, das er manchmal zeigte und das nicht verriet, ob er sich verletzt hatte oder Freude empfand. Es war ein angenehmes Lachen, das man sonst nur von den Fotos kannte, die in einer Kiste auf dem Dachboden lagen und die sich niemand mehr ansehen durfte.

Nachdem Paco mich verlassen hatte, hatte ich mir auch einen Hund gekauft. Aber ich spürte gleich, dass es nicht dasselbe war. Mein Vater hasste den Hund.

»Was'n mit der Daisy?«, fragte er, ungeachtet dem Umstand, dass ich zwei Wochen zuvor tränenüberströmt im Wohnzimmer meiner Eltern gesessen und darüber lamentiert hatte, dass Paco mich verlassen hatte. Da hatte Vater das Radio angeschaltet. Den Marschsender. Hatte ihn immer lauter gestellt.

Pater Transformata

Den Hund setzte ich vor dem Haus meiner Eltern ab, wo er sich einfach nur auf die andere Straßenseite legte und das Haus meiner Eltern ansah. Auch bei meinem nächsten Besuch, zwei Wochen später, lag er noch genauso dort und sah mich reglos an. Ich glaube, Mutter fütterte ihn.

Ich hatte mich nie in meinem Vater hineinversetzen können. Ich hatte keine Ahnung, wie er geworden war, wie er geworden war. Und ich wusste nie, was Mutter und Vater verband, wie es gekommen war, dass sie sich kennengelernt hatten und dass sie dann auch noch beieinandergeblieben waren. Vielleicht war es auch meinem Vater so gegangen wie mir, der ich nun von meinem Erbgut überrascht, fast schon übermannt wurde. Ich veränderte mich so rapide, dass die Leute aus dem Haus mich nicht mehr erkannten. Irgendwann hatte ich es aufgegeben, mich gegen die Gene zu wehren, und ließ nun zu, dass mein Vater aus jeder Pore wucherte, und wo einst Widerstand war, da war nun der Wille zu einem gewissen Perfektionismus. Ich wollte wie mein Vater sein. Noch perfekter, als mein Vater es je gewesen war.

Ich spürte richtige Erleichterung, wenn ich wie mein Vater meiner Wut nachgab. Ich spürte so etwas wie Zufriedenheit in dem engen Korsett, das mein Vater für sich angelegt hatte. Und nun konnte ich das kleine Glück spüren, dass auch er empfunden haben musste, wenn er beispielsweise Theateraufführungen zu spät besuchte und das steife Bein ächzend durch die Stuhlreihen zog, sich, vorgaukelnd, den Halt zu verlieren, auf den Köpfen anderer Besucher abstützte. Es war wirklich eine Wohltat.

Ältere Damen lächelten mir nun auf offener Straße zu, wenn ich schwitzend und ächzend mein Bein über den Asphalt schleifen ließ. Es kam sogar vor, dass Damen mein Bein, wie zufällig, berührten, und neulich traf ich einen alten Kollegen meines Vaters, der mich nötigte, mit ihm trinken zu gehen.

Je länger ich war wie er, umso zufriedener fühlte ich mich, wie ich zugeben musste, und ich ahnte nun allmählich, wie es meinem Vater gegangen sein musste. Wie glücklich er im Grunde gewesen war in dieser Hülle der Unzufriedenheit.

Ich konnte mich nicht daran erinnern, meinem Vater zu Lebzeiten je so nah gewesen zu sein wie in dieser Zeit, in der ich war wie er. Es schien nun fast, dass wir zwei Leben Zeit hatten, um das zu tun, für das andere nur eins haben. Und ich nahm mir vor, dieses Glück noch zu steigern. Ich wollte Dinge tun, die mein Vater immer hatte tun wollen, sich aber versagt hatte. Mein Vater hatte immer mal nach Afrika gewollt, um einen echten schwarzen Mann anzufassen. Das habe ich getan. Mein Vater wollte sich immer einmal nackt von einem Pferd den Nordseestrand entlangziehen lassen. Auch diesen Wunsch habe ich ihm erfüllt. Bei allem, was ich tat, ließ ich mich von Fremden fotografieren. Nun besitze ich unzählige Fotografien, die scheinbar meinen Vater zeigen, wie er in den seltsamsten Situationen glücklich ist. Sie hängen in meinem Flur. Mein Vater in einem Bärenkostüm. Mein Vater, wie er kopfüber von einem Baum hängt. Mein Vater isst Sushi.

Jede Woche schickte ich eine Fotografie an Mutter, einfach damit sie meinen Vater mal so sah, wie sie ihn sich immer gewünscht hatte. Ich selbst traute mich nicht mehr zu Mutter, aus Angst vor ihrer Liebe und den seltsamen Umständen, die daraus resultieren würden. Stattdessen suchte ich mir selbst eine Frau. Zeugte einen Sohn, den ich nach mir benannte, und lebte ein

Leben, wie auch mein Vater es gelebt hatte. Gab mich missmutig und streitsüchtig nach außen und erfreute mich still und heimlich an dem Glück, das ich dahinter verwahrte und beschützte, damit niemand es fand und mir wegnahm.

DIE VÖGEL

ORNIKINESE

Sie war wie besessen von den Vögeln. Schon früher. Ich glaube, schon immer, auch schon bevor wir uns kennengelernt hatten. Ich hatte immer geglaubt, ich könne sie ändern. Doch ich merkte recht schnell, dass es sinnlos war. Es war kurz nachdem wir uns kennengelernt hatten, dass sie sagte: »Eines Tages werden Vögel kommen und mich mitnehmen.«

Sie blieb vollkommen ernst dabei. Wir saßen auf einer Parkbank und befanden uns noch in einem Stadium unserer Beziehung, in dem jeder jederzeit hätte aufstehen und für immer gehen können. Als ich lachte, ernsthaft davon überzeugt, dass sie einen Witz gemacht hatte, sah sie mich erst pikiert an, stand dann auf und legte sich vor mich auf den Parkweg. Sie griff sich in die Taschen ihres Anoraks, schmiss immer wieder altes Brot in die Luft. Anschließend wartete sie.

Es dauerte nicht lange, bis die ersten Vögel kamen. Erst nach dem Brot pickten, dann nach ihr. Immer mehr Vögel wurden es. Immer größere Vögel, die nun heftig an ihr nestelten, immer

wieder mit ihren gelben Schnäbeln nach ihr pickten, so dass ich schließlich rief: »Ja, hör auf. Ich glaub' dir ja.«
Doch sie hörte mich nicht. Vögel dämmen. Und ja, es gab einen Augenblick, in dem ich überlegte, einfach davonzurennen. Doch irgendetwas faszinierte mich an ihr. Hinzu kam, dass sie so schön war wie kein anderes Mädchen, das sich zuvor in meine Nähe gewagt hatte. Nicht sehr viel später heirateten wir.

Aber sie hatte vollkommen recht, etwas war mit ihr und den Vögeln. Auf unserer Fensterbank saßen immer mehr Vögel als auf allen anderen Fensterbänken. Ständig waren da Vögel und sahen uns hektisch blinzelnd von draußen an. Einige klopften mit dem Schnabel gegen das Fenster, stießen kurze Pfiffe aus, kaum betrat Monika den Raum. Immer wieder wurde ich aus meinen Gedanken gerissen und dachte an die Vögel dort draußen. Ein beklemmendes Gefühl.

Am Tag waren sie vor dem Wohnzimmerfenster, nachts am Schlafzimmerfenster, wo wir ihre Blicke selbst durch die Vorhänge spürten. Ich zog mich nur noch im Dunkeln aus. Wir liebten uns kaum noch. Einmal als wir uns stöhnend ineinander bewegt hatten, war ein Keckern von der Fensterbank aus zu hören gewesen. Wir hatten den Akt nicht vollständig vollziehen können. Selbst nachts saßen sie da, und wir hörten sie flattern. Manchmal war Pfeifen und Schnattern zu hören. War das Fenster gekippt, meinte ich sie atmen hören zu können. Wie sie unseren alten Atem einsogen und ihn in ihren Vogellungen behielten und damit davonflogen. Es waren immer so viele Vögel, dass gar nicht alle auf der Fensterbank Platz fanden. Wie in einer Traube saßen oder flogen sie um das Fenster. Versuchten, mit ihren Krallen an der Hauswand Halt zu finden. Das kratzende Geräusch war kaum auszuhalten, und selbst als ich einmal mit der Waffe meines Vaters nach ihnen schoss, stoben sie nur kurz auseinander. Am nächsten Tag waren sie wieder da. Neue oder dieselben oder die gleichen, was weiß denn ich. Angst ist zu viel gesagt, aber ein mulmiges Gefühl beschlich mich doch allmählich. Zumal es immer mehr Vögel zu werden schienen. Sie waren oft so laut, dass ich einige Nächte im fensterlosen Flur schlief. Manchmal fiel kaum noch Licht durch die Fenster, weil die Vögel davor zugange waren. Nacheinander zu hacken begannen, um den besten Platz ganz nah am Fenster zu ergattern.

Immer häufiger hatte ich das Gefühl, ihr würde es sogar gefallen. Selbst wenn es nur Vögel waren. Dieses Übermaß an Aufmerksamkeit, das sie von mir kaum erwarten konnte. Ja, sie schien es fast zu forcieren, indem sie Kleidung trug, die brot- oder regenwurmfarben war, dazu bunte Überwürfe aus Federn, lange schnabelähnliche Hüte.

»Siehst du«, war alles, was sie dazu sagte, »die Vögel wollen mich mitnehmen.«

Hatte ich anfangs immer noch gelacht – meine Frau ist eine sehr große, sehr schwere Frau, die hochzuheben, geschweige denn, um mit ihr davonzufliegen, es schon eine Vielzahl an großen, kräftigen, soldatenähnlichen Vögeln gebraucht hätte –, war ich mir nun nicht mehr sicher. Die verdammten Vögel. Die verdammten Vögel!

Ich ließ meine Frau nicht mehr raus. Auch die Fenster öffneten wir nicht mehr, da die Vögel sofort in unsere Wohnung einzudringen versuchten. Einmal hatten wir das Fenster gekippt und Vögel hatten sich durch den Spalt gezwängt. Kaum waren sie drinnen, zerrten sie an meiner Frau, an ihrem Achselhaar und dem nackten flamingofarbenen Bauch. Meine Frau hatte lachend geschrien, oder umgekehrt.

»Mein Geruch«, sagte sie, »mein Geruch lockt sie an.«

Ich nickte. Wenn das wirklich der Grund war, so würde es nicht besser werden. Die ganze Wohnung roch nach meiner Frau. Auch ich. Meine Kleidung. Das Essen, stand es zu lange auf dem Tisch. Aus ihren Poren drang der Geruch und bahnte sich seinen Weg in die Freiheit. Immer mehr Vögel kamen. Ich hatte das Gefühl, nun seien es auch größere, die die kleineren vertrieben und die dort nun, laut mit den Flügeln schlagend, in der Luft standen. Große Schnäbel, deren Klopfen auf die Fenster das Glas merklich erzittern ließ. Leute blieben jetzt draußen stehen und sahen nach oben zu unserer Wohnung. Als ich in ihrem Vogelbuch nachsah, entdeckte ich, dass es sich dabei um Greifvögel handelte. Groß wie Kinder, kräftig wie Bauarbeiter.

Die Feuerwehr kam, spritzte mit einem Hochdruckstrahler nach den Vögeln, vertrieb sie. Doch am nächsten Tag waren die Vögel wieder da. Sie hatten eine tote Katze mitgebracht, die sie demonstrativ auf die Fensterbank legten und dort vor unseren Augen ausweideten. In den Nächten schlief ich kaum noch. Zu laut war das Flattern. Meiner Frau schien es fast egal. Sie tat, als ginge sie das alles nichts an. Und so war es an mir aufzupassen, dass die Vögel nicht kamen und mir meine Frau stahlen. Ich nagelte Holzplatten vor die Fenster. Verklebte die Ritzen, damit der Geruch meiner Frau nicht mehr nach draußen drang und die Vögel weiter anlockte. Wir atmeten im Bad Luft aus dem Belüf-

Ornikinese

tungsschacht. Ich hoffte, die Vögel würden meine Frau vergessen. Woanders nach einer weißen Frau suchen, mit der sie sich davonmachen konnten.

»Das sind die Gene«, sagte meine Frau nur. »Mein Geruch, ihre Gene, Bingo.«

Es gab Tage, an denen ich mich fragte, ob es überhaupt so verkehrt war, wenn die Vögel meine Frau zu sich nahmen. Angst ist das falsche Wort. Aber zumindest kam mir das mit den Vögeln nicht richtig vor. Ich wollte, dass es aufhörte. Ich hätte sagen können, sie sei verschwunden, beim Einkaufen. Im Nachhinein glaube ich, es war mein Ehrgeiz. Mein männlicher Stolz. Tatsächlich hatte ich meine Frau noch nie so sehr besitzen wollen wie in dieser Zeit. Auch wenn man das nicht sagt, »besitzen«. Man kann einen Menschen nicht besitzen. Aber ich kämpfte um sie. Ich bin ein Mann. Ich wollte gewinnen. Wollte sie doch besitzen.

Nachdem die Fenster vernagelt waren, wurde es ruhiger. Und nach zwei Wochen, in denen wir in der Dunkelheit gelebt, Luft aus dem Treppenhaus geatmet, das gegessen und getrunken hatten, was da gewesen war, glaubte ich, glaubte ich wirklich, dass es einfach so vorüber war. Die Vögel fort. Die verdammten Vögel!

Jemand musste die Haustür unten offen stehen gelassen haben. Denn in dieser Nacht war der Briefschlitz in unserer Wohnungstür zu hören gewesen. Nicht dies kurze Klappen, das es gab, wenn die Nachbarin uns Selbstgebackenes hindurchwarf, sondern dies langsame Aufklappen, das zu hören war, wenn sie dachte, wir seien fort. Wenn sich ihr buschiger Blick ins Zimmer zwängte und unser Hab und Gut besudelte. Immer wieder war es zu hören. Dem folgte leises Kratzen auf dem Dielenfußboden, das sich langsam dem Schlafzimmer näherte. Krck. Krck. Krck. Es wurde lauter. Überlagerte sich, so dass bald schon kein einzelnes Geräusch mehr auszumachen war. Dann war es mit einem Mal ganz still. Ein, zwei Minuten vielleicht, bevor ein kurzes melodiöses Pfeifen zu hören war, dem ohrenbetäubender Lärm folgte. Die Zimmertür wackelte in ihren Angeln. Immer wieder wurde in einem stakkatoartigen Rhythmus dagegen gehämmert – und dann plötzlich waren die Vögel im Zimmer, einfach überall waren sie. Sie begruben meine Frau unter sich. Zerrten an ihr. Tausende, es waren Tausende. Mit ihren Schnäbeln. Vom Bett durch den Flur. Zerrten und zogen. Nun war das geschäftige Hämmern aus dem Wohnzimmer zu hören. Kurz darauf ein Klirren. Dann war es wieder ruhig.

Reglos lag ich im Bett. Ich weiß nicht, wie lange. Als ich irgendwann die Kraft fand aufzustehen, war die Wohnung leer. Überall lagen Federn herum. Der Geruch nach Milben hing in der Luft.

In der Holzabdeckung des Wohnzimmerfensters war eine ovale Öffnung. Das Glas zersplittert, Blut und Federn klebten daran.

Ich stellte mir vor, wie sich der Vogelschwarm mit meiner Frau durch das Loch gezwängt hatte. Tausend Vögel, die meine Frau in ihren Schnäbeln hatten, sie an ihrer nachgiebigen Haut hochhoben und mit ihr davonflogen.

Als ich nach draußen sah, standen die Nachbarn vorm Haus und winkten. Was geschehen sei, wollte man wissen.

»Einkaufen«, entgegnete ich mit fester Stimme. »Meine Frau ist einkaufen.«

DER ZWILLING

EMBRYONALE GENESE

Niemand wusste, was es war. Es drückte durch meine Bauchdecke. Ließ sich auch unter T-Shirts, selbst dicken Norwegerpullovern kaum verbergen. Die Ärzte wussten nicht weiter. Immer wieder röntgte man mich, nur um mir anschließend achselzuckend mitzuteilen, dass man nicht wisse, was es sei. Wie beim Bleigießen versuchten sie das Gebilde zu deuten, das erst wie eine große Erdnuss, später wie ein kleiner Delphin ausgesehen hatte. Mit jedem Tag spürte ich diesen Fremdkörper stärker in mir.

»Du darfst dich nicht so darauf konzentrieren. Dadurch wächst es doch nur noch mehr«, sagte Petra ernst.

»Wie soll ich das denn ignorieren?«, rief ich, zog den Pullover hoch und zeigte auf das nacktmullartige Gewächs, das mir anklagend aus dem Bauch wuchs. Ich mochte es nicht ansehen. Lag viel im Bett und breitete die Decke darüber aus, um es zu vergessen. Doch ich spürte, dass es da war. So wie man spürte, dass noch wer mit im Raum war, selbst wenn man denjenigen nicht sah.

Immer wieder cremte Petra mir das Gewächs ein. Mit Salben, von denen ich nicht wissen wollte, woher sie sie hatte. Sie war nachts lange auf. Manchmal hörte ich sie mit dem Fernseher telefonieren, und Tage später brachte der Postbote dann Päckchen, die auch Petra erstaunt auspackte. Doch es half alles nichts. Einzig die Haut wurde rot und schuppig. Das Ding wuchs weiter.

»Es gehört zu dir. Vielleicht müssen wir einfach lernen, das zu akzeptieren. Wir sollten aufhören, dagegen anzukämpfen«, sagte sie eines Nachts und schmiegte sich fast leidenschaftlich an dieses Ding, das da aus meinem Bauch wuchs. Küsste es. Nahm es dann vollständig in ihrer Mundhöhle auf. Als ich am nächsten Morgen erwachte, hatte sie ihm ein kleines Gesicht aufgemalt. Sich Strähnen ihres Haars abgeschnitten und ihm daraus eine kleine Perücke genäht, die nun auf diesem Gewächs thronte und es noch unheimlicher aussehen ließ. Nun starrte dieses Ding mich auch noch an.

»Lass es uns Bigo nennen«, sagte sie und stellte eine kleine Espresso-Tasse mit warmer Milch auf meinen Bauch vor Bigo. Anschließend imitierte sie Schmatzen und Schluckgeräusche. Mit verstellter Stimme verkündete sie: »Mmmh, lecker Leckermilch. Bigo likes.«

Ich sah erst Bigo, dann Petra an. Seufzte.

Ich weiß gar nicht, warum, aber ich bin ein gläubiger Mensch. Ich schaffe es einfach nicht, nicht an Gott zu glauben. Auch wenn die Beweislast erdrückend ist. Ich glaube an Gott, bete und glaube, dass alles von ihm so gewollt ist. Was hatte ich schon groß aus meinem Leben gemacht? Welche Aufgaben hatte ich gemeistert, welche Prüfungen bestanden? Kaum etwas, und nun hatte Gott mir dieses Ding geschickt, an dem ich wachsen sollte und das ebenfalls wuchs. Gemeinsam wurden wir stark. Wir waren Brüder im Geiste. Bud Spencer und Gewächs Hill.

Lag ich bei Sonnenschein auf dem Balkon, ragte sein Schatten bedrohlich in mein Gesicht, und die weiße, ungebräunte Stelle gemahnte mich daran, mein Schicksal nicht zu vergessen, sondern es in die Hand zu nehmen. Ich umklammerte es manchmal mit beiden Händen, würgte es versuchsweise, als könnte ich es so verschwinden lassen. Knetete ich es, glaubte ich, Bewegungen darin ausmachen zu können, ein Pochen und Pulsieren. Oft kam ich mir schwanger vor – mit einem Kind, von dem ich hoffte, dass es nie zur Welt kommen würde.

Gott hin oder her, natürlich hätte ich es wegoperieren lassen. Wenn mir nur nicht alle Ärzte, die ich konsultierte, davon abgeraten hätten. Eine Operation könne lebensgefährlich sein. Und ich solle mich nicht so anstellen, so schlimm wäre es ja nun auch wieder nicht.

Wie ein lahmer Kinderarm fiel es mir mittlerweile über meinen Hosenbund. Nachts glaubte ich manchmal, es bewege sich. Es krieche über meinen Bauch wie eine Schlange.

Ich hasste es, und war ich allein, stand ich vor dem Spiegel, mit einer Heckenschere und war versucht, mich mit ihr von diesem verdammten Ding zu erlösen. Doch ich schaffte es nicht. Lag es an Gott?

Eines Tages dann, ich stand gerade nackt im Zimmer und vertrieb mit meinem Anblick die spielenden Kinder aus dem Hof – dieses Gewächs war mittlerweile dackelgroß geworden, es zog an mir, ich konnte nicht mehr lange stehen, es sei denn, ich band es mir mit einem Gürtel um den Hals –, da zeigte sie darauf und sagte, so ruhig es ihr eben möglich war: »Da ist wer drin.«

Erst dachte ich, sie meine es im übertragenen Sinne. So wie sie sagte, meine Mutter stecke in mir. Doch als ich an mir heruntersah, begann diese Wulst sich langsam aufzurichten, und tatsächlich, an ihrem Ende drückte nun so etwas wie das Gesicht eines Mannes durch die Haut. Es wirkte, als stemme sich ein kleiner Mann von innen durch diese Wulst. Durch die Haut sah es so aus, als öffne er den Mund, als wolle er etwas sagen. Oder besser noch als würde er schreien. Man sah eine kleine Nase, Augenhöhlen. Kurz darauf war er wieder verschwunden, und die Wulst hing einfach nur schlaff wieder an mir herunter.

»Hast du das auch gesehen?«, fragte ich sie.

Petra nickte. Hockte sich dann vor mich und packte mit beiden Händen die Wulst, um sie sich vors Gesicht zu halten. Sie räusperte sich, sagte dann: »Entschuldigung?!«

Sie hielt sich das Wulstende an ihr Ohr und lauschte.

»Hallo, Sie?! Wir sind Petra und Timoté. Können Sie uns hören?«, versuchte sie es noch einmal.

»Hilfe«, hörten wir mit einem Mal leise eine Männerstimme. »Bitte, helfen Sie mir. Helfen Sie mir doch.«

Als man mich röntgte, war es deutlich zu erkennen. Der Arzt setzte sich anschließend vor mich auf die Kante seines Schreibtisches, legte seine dicht behaarten Hände auf meine Schultern und beugte sich so nah zu mir, dass ich seine Worte förmlich riechen konnte: »Herr Grömsen, da ist ein Mann in Ihnen. Und ich werde ihn rausholen.«

Während der Narkose träumte ich von mir und einem Mann, mit dem ich auf dem Rücken eines braunen, namenlosen Pferdes durch dunkles Dickicht ritt. Dieser Mann war auf eine unästhetische Art sehr dünn. Er umschlang meinen Bauch, und ich betrachtete seine alten Hände, die eher nach Fußsohlen als nach Handrücken aussahen.

Als ich wieder zu mir kam, lag in dem anderen Bett, das vor der Narkose leer gewesen war, ein sehr kleiner, dünner Mann mit langem, strähnigem Haar, das eine der Schwestern ihm so gekämmt zu haben schien, wie ich meine Haare trug. Er war vielleicht fünfzig, sechzig Zentimeter groß, und als ich mich in meinem Bett etwas aufrichtete, um ihn genauer zu betrachten, da sah ich, dass er tatsächlich etwas Ähnlichkeit mit mir hatte. Auch er trug einen an den Enden gezwirbelten Schnurrbart, der ihm ganz ausgezeichnet stand. Dazu die schlaffen Lider, die zu groß für seine Augen schienen. Genau wie bei mir.

Meine Mutter hatte mir früher oft erzählt, dass ich ein Zwilling hatte werden sollen. Sie hatte nie gesagt, was aus dem anderen geworden war. Vielleicht war er das?

Er schlief die ganze Zeit über. Sein Schlaf wurde von einem gleichmäßigen piepsigen Seufzen begleitet, das immer mal wieder kurz aussetzte und mich in Panik geraten ließ. Ich sprang auf und sah nach ihm. Hatte ihm einmal sogar Luft durch den kleinen Mund in die Lungen geblasen. Sein Schnurrbart kitzelte an meinem. Unter meinen Handflächen hatte ich gespürt, wie sich sein Brustkorb mit meiner Luft prall aufblähte. Um ehrlich zu sein, wusste ich gar nicht, warum ich das tat. Denn vermutlich wäre vieles leichter gewesen, wäre er einfach gestorben.

Zwei Wochen war ich dort im Krankenhaus. Zwei Wochen, in denen der Mann nichts weiter tat, als zu schlafen, und als er dann eines Tages erwachte, schien er wenig überrascht.

»Ich heiße Thorsten«, sagte er. »Mit h. Guten Tag.«

»Guten Tag«, grüßte ich zurück. Anschließend schwiegen wir einen Augenblick, bis ich dann sagte: »Sie sind in mir gewesen. Man hat Sie aus mir herausoperiert.«

»Oha«, sagte er und starrte mich an. Sagte dann noch einmal, als ich weiter schwieg: »Oha. Ohauerhauerha.«

Als ich mich aus der Klinik verabschieden wollte, rief mich der behandelnde Arzt noch einmal zu sich. Wir standen im Nebenzimmer und betrachteten durch die Spiegelattrappe den kleinen Mann, der dort in dem Bett lag und vergnügt eine Zeitschrift über Tierjonglage durchblätterte.

»Versicherungstechnisch«, sagte der Arzt, »handelt es sich bei diesem Mann um ein Geschwür. In der Regel verbrennen wir Geschwüre nachts im Hof, um mit ihrer Asche die krankenhauseigenen Erdbeerbeete zu düngen. Doch in diesem Fall liegt die Sache ethisch«, bei diesem Wort fasste er mich vorsichtig am Kinn und drehte mein Gesicht zu sich, »ethisch anders. Wir können ihn nicht einfach verbrennen. Das werden Sie verstehen, Herr Grömsen.«

Ich hatte das Gefühl, nicken zu müssen, obwohl ich schon lange nichts mehr verstand.

»Wer kommt für ihn auf?«, fragte der Arzt. »Er isst wenig, ja, aber er isst etwas. Außerdem ist das Bett ein Bett. Ein ganz gewöhnliches Bett für kranke Leute, und so ein Bett, ja, Herr Grömsen, so ein Bett, das kostet.«

Wieder nickte ich.

Sie hatte ihm Kindersachen übergezogen. Obwohl er nicht wie ein Kind aussah, sondern eher wie ein Kleinwüchsiger. Immer

Embryonale Genese

wieder musste ich an diese Bauchrednerpuppen denken, die man nach dem Ebenbild des Bauchredners geschaffen hatte. Wir beide trugen Hüte, und eine alte Dame, die uns in der S-Bahn gegenübergesessen hatte, applaudierte einmal und steckte mir etwas Kleingeld zu, nachdem sie eine Weile zugehört hatte, wie wir uns miteinander unterhielten.

»Ganz echt«, sagte sie, »toll.« Sie drückte den Arm des kleinen Mannes.

»Aua«, sagte dieser.

»Sie Schlawiner, Sie«, sagte sie, zeigte auf mich und lachte.

Wir räumten das Bastelzimmer leer und legten eine kleine Hundematratze hinein. Manuela stickte ein Bild mit seinem Namen, das wir darüber aufhängten. Thorsten mit h. In einem Kinderladen kauften wir kleine Jeans und T-Shirts mit Tieren darauf. Dazu eine kleine Sportjacke und Strumpfhosen. Jeden Morgen rasierten wir seinen Schnurrbart, dünnten sein Haar aus, so gut wir konnten. Großzügig verteilten wir Babypuder über ihn, in der Hoffnung, selbst irgendwann an die Illusion Kind glauben zu können. Doch es blieb schwierig.

»Was wollen Sie denn nun mit Ihrem Leben anfangen?«, fragte ich ihn oft, in der Hoffnung, er würde sich Arbeit suchen, eine eigene Wohnung oder verreisen.

»Ich weiß es noch nicht«, sagte er. »Auch für mich ist das alles schwierig. Sie sind nett. Aber trotzdem.«

Gestern hatte er eine Flasche billigen Cognac besorgt, für die Petra ihm das Geld gegeben hatte.

»Ich möchte mich bei Ihnen bedanken«, hatte er förmlich gesagt, bevor wir uns dann ganz unförmlich betranken.

»Du bist wie 'ne Mudder für mich«, schrie er später, und ich drückte ihn immer wieder an mich. Umarmte ihn, bis er dann an meinen Brustwarzen zu saugen begann. Ich wurde still. »Entschuldigung«, sagte er. Wischte sich das Haar aus dem verschwitzten Gesicht.

Wir versuchten ihn in Schulen anzumelden. Doch selbst in der Waldorfschule nahm man ihn nicht. Der Direktor nahm mich beiseite und erklärte bei einem Sherry und einer Zigarre: »Herr Grömsen, wir sind zwar eine Waldorfschule, aber wir sind nicht dumm. Ganz sicher nicht. Ich habe in meinem Leben schätzungsweise achtzigtausend Kinder gesehen. Stellen Sie sich das mal vor.« Er machte eine Pause, ließ Rauchkringel durchs Zimmer steigen, damit ich mir leichter die Nullen von 80 000 Kindern vorstellen konnte. »Ich kann sehr wohl einschätzen, wer ein Kind ist und wer nicht. Und Ihr Junge ist kein Kind. Ihr Junge ist ein Mann. Ein kleiner Mann zwar, aber ein Mann.«

Schließlich half er bei einem Bekannten im Lager. Oft saß er am Abend niedergeschlagen bei uns in der Küche, rauchte, und manchmal glaubte ich auch, er würde weinen, obwohl er immer wieder beteuerte, es liege am Zigarettenrauch. Selbst wenn er gar nicht rauchte. Immer häufiger trank er, und war er betrunken, dann platzte es oft aus ihm heraus: »Wieso hast du mich geboren? Hast du mich je gefragt?«

Ich schüttelte den Kopf, schrie zurück: »Hat mich wer gefragt? Meinst du, ich hab' dich gewollt?«

Er weinte jetzt ungeniert, und in solchen Momenten erwachte tatsächlich so etwas in mir, was als Muttergefühl durchgegangen wäre. Auch wenn ich es nicht zugab. Noch immer konnte man uns nicht erklären, wie all das gekommen war, und wir wussten nicht weiter.

Doch neben Momenten der Frustration und Verzweiflung, gab es auch immer wieder Augenblicke, in denen er meinte, er könne sich an sein altes Leben erinnern. Einmal sagte er in solch einem Moment: »Ich sehe eine Katze. Sie hieß Hannes. Und ich habe auf einer Bohrinsel gearbeitet.«

Sahen wir Dokumentationen, glaubte er manchmal, Menschen daraus wiederzuerkennen. Und einmal bei der Landpartie auf NDR, da wurde er ganz aufgeregt und glaubte, schon einmal in dem Dorf gewesen zu sein.

Als wir am Wochenende darauf dorthin fuhren, sahen uns die Leute seltsam an. Ich hatte ihn aufs Autodach gesetzt. Langsam fuhren wie die Dorfstraße hoch und runter. Ich hupte, und die Leute standen dort und sahen uns an. Fünf Mal fuhr ich die Straße hoch und runter, bis dann eine Frau Mitte vierzig langsam den Arm hob und mich zu sich winkte.

»Der hat Ähnlichkeit mittem Kuddel«, sagte sie, als wir bei Köm und Korn bei ihr in der Stube saßen und sie uns ein Foto ihres verstorbenen Mannes präsentierte. Tatsächlich hatten die beiden etwas Ähnlichkeit. Auch jener Kuddel trug das Haar ungewaschen und lang, und sein Gesicht war so schmal, dass kaum ein Lachen hineinzupassen schien. Mürrisch sah er uns vom Foto aus an. Der kleine Mann nahm das Foto und betrachtete es.

»Ich weiß nicht so recht«, sagte er skeptisch und sah sich in der schmutzigen Wohnstube um. Betrachtete die Frau, die ihren Stuhl etwas näher an seinen rückte und sich die schmutzigen Hände, die schon sehr lange schmutzig zu sein schienen, an dem fleckigen Haushaltskittel abwischte.

»Würd' ihn nehmen«, verkündete die Frau schließlich und

leckte sich über die spröden Lippen, nachdem eine Weile nur das Ticken der Standuhr zu hören gewesen war.

Nachdem der kleine Mann sich nicht rührte, packte sie ihn schließlich und setzte ihn sich einfach auf den Schoß. Sie presste ihn an sich. Roch an ihm.

»Wie Kuddel«, sagte sie mit belegter Stimme.

Hilflos sah der kleine Mann mich an. Er verschwand fast zwischen dem gewaltigen, schäfchengroßen Busen der Frau. Die Frau hielt ihn fest umklammert. Tränen stiegen ihr in die Augen, und sie begann mit ihren in Farbe und Konsistenz an Karamellpudding erinnernden Lippen den kleinen Mann immer wieder abzuküssen.

»Na dann«, sagte ich, stand auf und schüttelte die kleine Hand des Mannes, der mich traurig ansah. Dann fuhr ich davon.

TIERE WIE HANS

KRYPTOZOOLOGIE

Immer wieder ging sie in die Zoohandlung, um sich ein Tier zu kaufen, mit dem sie die Einsamkeit bekämpfen wollte. Immer wieder trafen Briefe der Hausverwaltung ein, dass es so ja nun nicht gehe, Tier und so weiter ja, aber nicht in dieser Menge. Es war nur noch selten leise in ihrer Wohnung. Der Geruch darin erinnerte sie immer wieder an ihre Zeit im Mädchensportinternat, und die Luft, die sie atmete, war schon lange nicht mehr unsichtbar und ausschließlich gasförmig. Überall waren Fell und Federn. Dazu der ständig aufwirbelnde Vogelsand, mit dem sie den Boden säckeweise bedeckt hatte, in der Hoffnung, dass sich, wenn schon nicht sie, wenigstens die Vögel hier wohlfühlten. Von sämtlichen Zimmerdecken hingen Meisenknödel, und überall waren Tiere, deren Gattung schon lange nicht mehr zweifelsfrei zu bestimmen war. Zu lange besaß sie diese Tiere einfach schon, die sich wie verrückt miteinander zu paaren schienen, keine Grenzen kannten, keine Rassen. So schufen sie immer wieder neue Tierarten, von denen sie manchmal Fotos machte und diese ans Fernsehen schickte, wo man sie dann beim Senioren-TV einblendete und ihr zehn Euro überwies. Es gab Tiere mit Flügeln aus Fell. Es gab Tiere halb Schwein, halb Sittich. Andere wieder bewegten sich seltsam, zogen ein Bein hinter sich her oder kamen nachts an ihren Kopf und rieben sich daran. Einmal war ein kleines Tierchen aus ihrem Ohr geschlüpft. Sie hatte Muttergefühle empfunden. Zumal es, je größer es wurde, mehr und mehr Ähnlichkeit mit ihr bekam.

Es hatte angefangen mit einem Hund, der ausgesehen hatte wie er. Hans. Sie war mit einem Foto ihres verstorbenen Mannes in Zoohandlungen und Bibliotheken gewesen und hatte nach Tieren Ausschau gehalten, die ihrem Mann zumindest etwas ähnlich sahen. Nach einiger Recherche wusste sie, dass ein Menschenaffe ideal gewesen wäre, aber dass es zur Not auch ein Hund täte. Ihr Mann war nie besonders redselig gewesen, und manchmal fragte sie sich, wie sie es bald vierzig Jahre zusammen in dieser Wohnung ausgehalten hatten, ohne dass sie ihren Mann besonders gut gekannt zu haben glaubte. Ihr Mann war wie ein Brunnenschacht gewesen, in den das Leben hineinfiel und einfach verrottete.

Sie hatten sogar geheiratet. Ihr Mann hatte bei der kirchlichen Zeremonie laut lachen müssen. Auf dem Hochzeitsfoto sah er so gut aus, wie er das nie wieder getan hatte. Oft hatte sie daran gedacht, ihn zu verlassen. Meist wenn sie Filme sah oder Bücher las und wieder daran erinnert wurde, dass das Leben auch anders sein konnte. Als er dann starb, da war sie überrascht gewesen, dass sie überhaupt weinte. Dass sie seinen Verlust aufrichtig beklagte und tatsächlich etwas zu vermissen schien. Etwas derart zu vermissen schien, dass sie daran litt. Sie verstand es nicht. Immer wieder sah sie sich Fotos von ihm an und kam jedes Mal zu dem Schluss, dass es absurd war. Dass es vollkommen absurd war, ihn zu vermissen, und dass sie eigentlich hätte froh sein müssen, nun wenigstens mit den letzten Jahren, die ihr noch blieben, etwas Sinnvolles anfangen zu können. Trotzdem vermisste sie ihn. Sie weinte in den Nächten, die Tage erschienen ihr grausam, und an manchen schaffte sie es kaum aus dem Bett. Da schon sah sie sich Tiersendungen an. Währenddessen, sie wusste da noch nicht, wieso, nahm ihre Sehnsucht nach Hans ab. Sie vermutete, dass es an der stummen Art der Tiere liegen könnte. Dass diese sich um keine gesellschaftlichen Konventionen scherenden Wesen, deren Freund die Unhygiene war und deren Tun einzig von ihren Trieben bestimmt wurde, sie an Hans erinnerten.

Noch immer konnte sie nicht sagen, was sie überhaupt an Hans geliebt hatte. Es war vermutlich nichts als Gewohnheit gewesen. Außerdem hatte sie eine Aufgabe gehabt. Und auch wenn es objektiv betrachtet kaum sinnvoll gewesen war, so hatte sie sich doch erfüllt gefühlt, wenn sie mit ihm schimpfte, ihn heimlich zu waschen versucht hatte, wenn er schlief. Ihm die steifen Unterhosen wechselte. Ihm die Haare schnitt, so gut es ging. All die Jahre hatte sie immer vergebens versucht, aus ihm wieder das zu formen, was sie einmal geheiratet hatte. Er war nie ein anderer Mensch gewesen. Das musste man ihm zugutehalten. Doch sie hatte etwas anderes in ihm gesehen. Etwas, was er nicht war. Etwas, was sie bis zuletzt aus ihm hatte herausholen wollen. Wie bei einer Frucht, die man schälte und schälte und selbst den Kern noch schälte, in der Hoffnung, irgendwo auf schmackhaftes Fruchtfleisch zu stoßen. Doch ihr Mann war, wie er war, und wenn sie etwas an ihm geliebt hatte, dann war es auch das Gefühl, gebraucht zu werden. Vor allem war es das. Wenn er laut und anhaltend zu schreien begann, kaum dass sie sich den Mantel übergezogen hatte, um die Wohnung zu verlassen. Wie er dann am Fenster stand und mit den alten Fäusten dagegen trommelte, wenn sie im Supermarkt gegenüber schnell ein paar Lebensmittel einkaufte. Es war ein kleiner Supermarkt. Sie aßen vierzig Jahre lang fast immer dasselbe. Auch das brauchte er. Er schrie, versuchte sie sich an Nouvelle Cuisine. Schrie ihren Namen aus dem geöffneten Fenster, bis sie wieder in der Wohnung war. Als wäre nichts geschehen, sackte er dann, kaum dass sie die Wohnungstür hinter sich geschlossen hatte, in sich zusammen und saß auf dem Sofa wie zuvor.

Selbst mit Drogen war kein Feuer in ihm zu entfachen. Immer wieder mischte sie ihm Alkohol oder Aufputschmittel unter die Ravioli. Einmal hatte sie sich von ihrem Neffen etwas Koks schicken lassen, das sie ihm nachts ins Zahnfleisch massierte und mit dem kleinen Finger in seinen Nasenlöchern verteilte, in der Hoffnung, in der Folge irgendeine Regung an ihm festzustellen. Doch nichts. Hans war wie ein schwarzes Loch, in dem sämtliche Energie verschwand, und sie musste zugeben, dass sie in den ersten Tagen gar nicht bemerkt hatte, dass er schon tot war. Einfach, weil der Tod, so drastisch musste man es sagen, sein Wesen erst einmal kaum verändert hatte. Wie sonst auch, hatte sie ihm das Essen in die Mundhöhle geschaufelt. Hatte ihm mit Erfrischungstüchern Bauch und Beine abgerieben. Allein sein Gesichtsausdruck bekam mit den Tagen der Leblosigkeit etwas Entspanntes. Was aber nur zu erkennen war, wenn man ihn lange gekannt hatte. Irgendwann war es ihr aufgefallen.

»Hans, du lächelst ja«, hatte sie gesagt.
Er hatte nicht reagiert. Als sie ihm auf den Rücken schlug, war er vornübergefallen. Es war seltsam gewesen, als sie ihn abgeholt hatten.

Als Erstes hatte sie sich einen großen Collie angeschafft, den sie verfetten ließ und dessen Fell sie an Bauch und Beinen rasierte. Mit dem Ergebnis war sie ganz zufrieden. Im Laufe der Zeit, lernte er, auf dieselbe eingesackte Art auf dem Sofa zu sitzen wie Hans. Manchmal seufzte er sogar wie Hans, und für eine Weile war sie fast beruhigt. Gerade wenn der Hund dort saß und an sich zu lecken begann, wie auch Hans das in der letzten Zeit häufiger getan hatte. Selbst das Haar des Hundes war von ähnlich flauschiger Konsistenz wie das von Hans. Wann immer sie das Zimmer betrat, schien es noch Minuten später durch den Luftzug im Zimmer umherzuwehen. Es war lang. Saß sie neben ihm, musste sie aufpassen, es nicht einzuatmen. Hans' Haar bewegte sich mehr als Hans. Und wenn es ihn umwehte, da wirkte er fast wieder jugendlich oder aufgeweckt oder was auch immer, menschlich, und einige Zeit war es mit dem Hund auszuhalten. Allmählich wurde er sogar so schwer und dick wie Hans, so dass die Illusion nachts im Bett, wenn er neben ihr, auf Hans' Seite schlief, nahezu perfekt war. Selbst der Geruch war ähnlich. Dieser Hund, der menschenähnlich roch, und Hans, der hundeähnlich gerochen hatte.

Doch nach der anfänglichen Euphorie spürte sie, dass es doch nicht dasselbe war. Ohne dass sie genau sagen konnte, woran dieses Hundehanssubstitut krankte. In der Hoffnung die Illusion so zu perfektionieren, besorgte sie sich noch mehr Collies, die sie alle auf ähnliche Weise präparierte wie den ersten. Nach anfänglicher Besserung spürte sie jedoch bald schon wieder, wie die Einsamkeit und die Traurigkeit in ihr wuchsen, und oft lag sie lamentierend auf dem Laminatfußboden und weinte, bis die Hunde kamen und ihr die Tränen ableckten, so wie auch Hans das hin und wieder getan hatte. Es waren die zärtlichsten Momente gewesen, zu denen Hans je fähig gewesen war.

Weil sie nicht wusste, was sie sonst gegen den Schmerz unternehmen sollte, kaufte sie, wann immer die Trauer so groß war, dass sie glaubte, ihr nicht mehr Herr werden zu können, ein Tier. Am Ende war die ganze Wohnung voll mit ihnen. Jedes Tier verschaffte ihr kurz ein wenig Linderung. Doch dann schon war die Sehnsucht nach Hans wieder groß, und die Trauer um ihn wuchs. Sie vermisste Hans und schämte sich fast dafür. Gerade wenn sie sich noch einmal Fotos von ihm ansah und sich bewusst darüber wurde, dass er sein ganzes Leben damit zugebracht hatte, eingefallen auf dem Sofa zu sitzen und wahlweise Fernsehen oder aus dem Fenster zu sehen. Selbst als sie einmal im Urlaub gewesen waren, Rügen, hatte er in der Ferienwohnung genauso auf dem Sofa gesessen wie zu Hause, und sie waren nie wieder in den Urlaub gefahren. Stattdessen hatte sie eine Sonnenbank bestellt.

Bald zwei Jahre war er nun tot, und ihre Verzweiflung war immer nur noch gewachsen. Sie glaubte fast, sie habe ihn noch nie derart, fast wollte sie sagen, geliebt, wie in der Zeit, in der er tot war. Immer häufiger las sie Ratgeber über Suizid, und nicht nur einmal war sie mit Tabletten und Fön in die Badewanne gegangen. Vielleicht war es das laute Rufen der Tiere gewesen, das sie

Kryptozoologie

immer wieder davon abgehalten hatte. Die kleinen Lämmchen und Kälber, die am Badewannenrand gestanden und sie mit ihren Pelzgesichtern so kindlich anzusehen versucht hatten, wie es ihnen möglich war.

Da kaum noch Platz in der Wohnung war, war sie dazu übergegangen, kleine Tiere zu kaufen, die nun nicht mehr gänzlich wie Hans auszusehen hatten. Oft waren es nur noch seine Wesenszüge, die sie an ihnen auszumachen meinte, oder ihr Blick, der sie an Hans erinnerte. Kaufte sie sie, so spürte sie anschließend immer ein kleines Gefühl der Erleichterung. Selbst dann noch, wenn das Tier in der Tiermenge verschwand und sie es nie wieder zu Gesicht bekam. Durchs Fenster kamen neue Tiere, und andere verschwanden. Nachts musste sie oft auf den Tierrücken ins Schlafzimmer kriechen. In den Nächten atmete sie Fell und träumte von Mammuts. Ihr einziger menschlicher Kontakt war der Mann aus der Zoohandlung, der sie wie eine Königin behandelte und bei dem sie oft länger blieb als eigentlich notwendig. Einmal hatte sie ihn, sie hatte Tabletten eingenommen, gefragt, ob auch er zu verkaufen sei. Er hatte ihre Hand genommen, sie zärtlich angesehen und gesagt: »Das Tier, das ich jage, heißt leider Mann.«

Im Gegensatz zu den wenigen anderen Menschen, denen sie noch beggnete, schaute er sie mit Respekt an und nicht mit einer Mischung aus Ekel und Angst. Sie veränderte sich. Die Haut. Allergien ... Nissen. Es gab keine Sprache mehr in ihrem Leben. Im Fernsehen nisteten Mader, die sich dort von alten Sendungen ernährten. Wo das Telefon war, wusste sie nicht mehr. Manchmal klingelte es noch an der Wohnungstür, und sie hörte jemanden dahinter etwas schreien. Einmal war anschließend die Klappe des Briefschlitzes geöffnet worden und ein eichhörnchenähnliches Wesen war hindurch in ihre Wohnung gesprungen und war in der Tier-Masse verschwunden.

Als sie in jener Nacht Worte hörte, da erschrak sie. So sehr, dass sie derart laut schrie, dass sämtliche Tiere mit einem Mal verstummten. Zumindest für einen Moment. Kurz wurde ihr bewusst, dass sie lange keine Stille mehr gehört hatte. Dass sie Stille nur noch kannte, wenn sie Tabletten einnahm. Und dass es vielleicht am Fehlen dieser Stille lag, dass sie so fahrig und angespannt war, sich oft so seltsam fühlte.

»Hallo, Liese«, hörte sie jemanden sagen.

Noch immer weigerte sie sich, die Augen zu öffnen. Kniff sie derart fest zusammen, als wären es Schotten, durch die die Realität ihren Kopf zu fluten drohte.

Sie spürte Fell in ihrem Gesicht. Kalte Krallen an den Lidern, die diese langsam zu öffnen versuchten. Sie sah etwas Waschbärenartigem ins Gesicht. Das Tier saß auf ihrem Brustkorb und blickte sie ernst an.

»Hallo, Liese«, sagte es jetzt wieder. Leckte sich kurz unter der Achsel.

»Hallo«, sagte sie.

Ihre Stimme klang heiser, und sie wusste schon in der Sekunde danach nicht, ob sie wirklich etwas gesagt hatte. Sie hoffte nicht. Sie hatte immer Angst davor gehabt, eines Tages mit den Tieren zu sprechen. Denn sie wusste: Wenn du mit den Tieren sprichst, ist der Wahnsinn da.

»Ich bin es«, sagte das Tier. »Hans.«

Sie sah es an, schlug ihm dann mit drei Fingern ins Gesicht.

»So etwas sagt man nicht«, sagte sie mit erhobenem Zeigefinger.

»Stimmt aber«, sagte das Tier und sah sie pikiert an.

»Hans war größer«, sagte sie.

»Wiedergeburt«, entgegnete das Tier. »Da verändert man sich. Ich bin ein Mungo.«

»Mango«, verbesserte sie.

»Nein, Mungo. Ich wusste auch nicht, was das ist. Bis jetzt eigentlich. Mungo, da dachte ich, das klingt aufregend, wie Internet oder Bungee, weißt du. Nun werde ich entlohnt. Doch du siehst ja selbst.«

»Ja«, log sie, wusste aber nicht, was sie sah und was sie sehen sollte. »Du wirkst recht agil.«

»Hör bloß auf«, sagte er. »Es macht mich fertig. Als Tier musst du immer was machen. Ständig musst du Nahrung besorgen, rumspringen und so 'n Mist. Um ehrlich zu sein, ist Mungosein eigentlich nicht so mein Ding. Lieber wäre ich eine Pflanze geworden. Ein Baum oder ein Stein. Da hast du über Jahre erst einmal Ruhe.«

»Ja, das ist sicher schön, eine Birke oder eine Eiche«, sagte sie. »Das kann ich mir gut vorstellen für dich.«

Das Tier ahmte Blätterrauschen nach, streckte dabei die winzigen Ärmchen oder Beinchen – sie wusste nicht, was das sein sollte – aus wie Äste. Gequält lachte sie. Das Tier keckerte. Anschließend schwiegen beide. Sahen sich im Zimmer um. Das Tier, weil es Hunger hatte. Sie, weil sie kurz überlegte, dem Tier etwas auf den Kopf zu hauen. Um den Wahnsinn zu vertreiben. Noch immer schwiegen die übrigen Tiere und sahen die beiden an.

»Was ist denn eigentlich mit dem Fernseher?«, fragte er nach einer Weile.

»Da waren die Mader drin.«

»Ach.«

»Jaja.«

Sie nähte ihm seine alte Kleidung enger. Sie hatte die übrigen Tiere fortgeschafft: einen Teil eingefroren, den Rest einfach vor die Tür gesetzt. Sie hatte sauber gemacht. Sie hatte den Mungo gewaschen. Hatte ihn mit alten Sachen von Hans abgerieben. Sie buk nun kleineres Gebäck, und wenn sie dort auf der Fensterbank saß und dem Mungo zusah, wie er eingefallen auf dem Sofa saß und auf eine geschäftige Art das Gebäck aß, da empfand sie Glück. Glück, das sich vielleicht anfühlte wie nachlassender Schmerz. Aber es war Glück. Reines Glück.

KING LOFT

IMMOBILIAGENESE

Diese Wohnung hasste mich. Obwohl es doch meine Wohnung war. Meine. Ich hatte sie zu einer Zeit gekauft, in der es so schien, als dauerte es nicht mehr lang und dann stünde das Glück vor der Tür. Das Haus, das ich damals bewohnte, war so groß, dass das Glück es eigentlich nicht hätte verfehlen können. Kleine Türmchen ragten so weit in den Himmel, dass sie selbst aus großer Entfernung noch gut zu sehen waren. Jede volle Stunde ertönte ein kleines Glockenspiel, mit dem wir dafür sorgten, dass uns niemand vergaß. Vieles im Haus war aus Marmor oder sah nach Gold aus, so wie wir nach außen hin nach Glück aussahen. Es gab eine Frau, lustige Kinder, einen Sitzrasenmäher und einen Hund, dem wir Stunden dabei zusehen konnten, wie er ausgelassen auf dem Rasen tobte und sich leckte, während ich und die Familie in gebügelten Sporthemden auf der Terrasse saßen und nichts zu sagen wussten. Wir trugen bis in den Herbst hinein Sonnenbrillen.

Diese Wohnung war für mich nie eine Wohnung gewesen,

sondern immer nur eine Geldanlage. Nie hätte ich geglaubt, dass ich je in ihr würde wohnen müssen. Doch dann war alles anders gekommen. Am Ende musste ich mich sogar in diese Wohnung einklagen. Obwohl es doch meine Wohnung war. *Meine* Wohnung.

Bis dahin hatte ein Mädchen namens Susanne Petrella darin gewohnt, nach dem diese Wohnung auch noch Wochen nach meinem Einzug roch. Ein Duft aus Seife und Räucherstab, den die Wohnung noch möglichst lange in sich behalten zu wollen schien, so wie ein Mensch die Luft anhielt, bevor er ins Wasser sprang und tauchte. Die Wohnung wollte nicht, dass Susanne Petrella ging – oder das Fräulein Petrella, wie sie mich nötigte, dass ich sie nennen sollte. Die Wohnungstür ließ sich nicht öffnen, nachdem wir im Flur gestanden und mit den nötigsten Worten die Formalitäten geregelt hatten. Das Fräulein Petrella hatte geweint. Feiner Staub war von der Decke gerieselt. Die Küchentür war zugeschlagen, ohne dass irgendwo ein Fenster offen gestanden hätte. Ich war zur Wohnungstür gegangen, um diese zu öffnen, doch die Klinke ließ sich nicht mehr herunterdrücken. Erst als ich mich mit meinem gesamten Gewicht daranhängte, gab sie allmählich nach. Die Tür schleifte beim Öffnen laut über den Holzfußboden, und als das Fräulein Petrella dann endlich gegangen war und ich die Tür mit viel Kraftaufwand wieder geschlossen hatte, da durchfuhr ein lautes Knacken und Ächzen die Räumlichkeiten. Aus dem Badezimmer hörte ich Wasser laufen, als weine die Wohnung. Tatsächlich lief aus sämtlichen Wasserhähnen das Wasser. Selbst der Spülkasten der Toilette rauschte. Da noch dachte ich mir bei alledem nichts. Und wenn doch, dann nur: »Altbau. Verdammter Altbau.«

Ich veränderte kaum etwas in der Wohnung. Ich hatte nur wenig mitgenommen, und trotzdem wirkte mit einmal alles anders als noch beim Fräulein Petrella. Was zuvor eine gewisse Heimeligkeit verströmt hatte, sah nun, seit ich darin lebte, trist und trübe aus. Die Schriftzüge in der Küche etwa, die dort akkurat vom Fräulein Petrella angebracht worden waren – Latte Macchiato, Chai Latte, Cappuccino –, sie machten mich jeden Morgen wieder depressiv, wenn mein Filterkaffee heiser aus den Düsen der Kaffeemaschine strömte.

So wie ich diese Wohnung zu hassen begann, so schien diese Wohnung auch mich zu hassen. Etwas schien mit ihr zu passieren, nachdem ich eingezogen war. Sie schien ihrem Hass auf mich durch Zerfall und Verschleißerscheinungen Ausdruck verleihen zu wollen. Tapeten lösten sich schon kurz darauf gleich in mehreren Zimmern von den Wänden und hingen in palmwedelartigen Bögen in den Raum hinein. Die Dielen des Holzfußbodens gaben an einer Stelle im Flur nach, so dass ich darin einbrach und mir leichte Schnittwunden am Knöchel zuzog. Die Rahmen verzogen sich derart stark, dass sich Türen und Fenster nur noch schwer öffnen ließen. Das Fenster im Schlafzimmer bekam ich überhaupt nicht mehr auf. Es wurde stickig darin und roch derart intensiv nach mir, dass ich eine Zeit lang aus psychologischen Gründen auf dem Sofa im Wohnzimmer schlief. Reise ins Ich und so ein Mist.

All das waren Dinge, die noch nicht unbedingt Anlass zur Besorgnis hätten geben müssen. Trotzdem beschlich mich allmählich das Gefühl, dass diese Wohnung nicht einfach nur eine Wohnung war, *meine* Wohnung, *meine*, sondern fast eine Art Organismus. Ja – halten Sie mich ruhig für dumm –, dass sie irgendwie lebte. Die Geräusche, die sie absonderte, klangen bisweilen fast menschlich. Und manchmal, wenn ich leicht mit der Stirn gegen die Wand schlug, kam mir diese fast warm vor. Ja, richtig weich und nachgiebig. Wie Haut. In den Nächten war oft eine Art Seufzen zu hören, das sich manchmal zu einem Ächzen auswuchs, das jedoch abrupt endete, sobald ich die Augen aufschlug.

Noch Wochen nach dem Auszug vom Fräulein Petrella fand ich blondes Haar von ihr an den unmöglichsten Stellen der Wohnung. Es war fast so, als horte die Wohnung Erinnerungsstücke. Und es tauchten immer mehr Dinge vom Fräulein Petrella auf – ein zusammengerolltes Söckchen, das ich in einem Loch hinter einer der losen Fußleisten fand. Kleine Einkaufszettel hinter Schränken. Im Einbauschrank, ganz hinten, fand ich ein kleines Püppchen, das aussah wie eine dieser Voodoo-Puppen – gefertigt aus unterschiedlich großen Staubknäueln. Es trug die blonden Haare Fräulein Petrellas. Die Augen waren aus schwarzem Dreck. Die Finger, die es nach mir auszustrecken schien, bestanden aus trockenen Reiskörnern. Wer hatte das gemacht? Die Wohnung?

Kaum hatte ich das Ding entdeckt, klappte die Schranktür zu, und ich saß in der Dunkelheit und stemmte mich gegen die Schranktür, die immer nur ganz kurz nachgab, fast so, als halte sie jemand von der anderen Seite zu. Ich bekam sie nicht auf. Irgendwann ließ sie sich gar nicht mehr bewegen. Ich hörte, wie der Schlüssel sich im Schloss drehte und zu Boden fiel.

Ich legte mich auf den Rücken und trat mit meinen Füßen immer wieder gegen die Tür, bis das Holz endlich nachgab und ich sie aufbrechen konnte. Ich war so erschöpft, dass ich eine halbe Stunde völlig entkräftet auf dem Küchenboden lag und nach Atem rang. Der Raum kam mir luftleer vor, und aus Angst zu ersticken warf ich mit einer der leeren Flaschen nach dem Fenster, und die Scheibe zersplitterte. Hastig atmete ich die Luft. Häufig ließ sich die Wohnungstür nicht öffnen, und ich konnte entweder nicht heraus oder herein. Verständigte ich den Schlüsseldienst, so schloss man die Tür problemlos auf und sah mich skeptisch an. Es war mir unangenehm. Mehrmals schon war das passiert, und oft schlief ich nun einfach draußen oder zog durch die Nacht, in der Hoffnung, am nächsten Morgen ließe sich die Tür einfach so wieder öffnen. Was tatsächlich meist der Fall war. Es war, als fordere diese Wohnung eine Auszeit von mir ein. Einmal hatte ich vor der verschlossenen Tür gestanden und Geräusche aus meiner Wohnung gehört. Wie ein Schmatzen hatte es geklungen. Normal war all das nicht.

Jedes Mal, wenn ich die Wohnung betrat, kam sie mir verändert vor. Ohne dass ich hätte sagen können, worin sich die Veränderung ausdrückte. Aber sie blieb mir fremd und wurde mir immer fremder. Nie, auch nicht mal ansatzweise, spürte ich so etwas wie ein Heimatgefühl in ihr, ein Gefühl von Zuhause oder wenigstens nur ein klein wenig Geborgenheit. Nichts. In der Wohnung wurde das Gefühl von Heimweh so groß wie nie zuvor, und ich wusste gar nicht, wonach ich Heimweh hatte. Das große Haus war es, glaube ich, nicht. Noch nicht mal die Familie, die sich vorzustellen mir immer schwerer fiel. Dachte ich an früher, erinnerte ich mich nur an mich und das große Haus und wie ich auf dem Sitzrasenmäher saß und eine fremdländische Zigarre rauchte.

Eines Morgens war die Tür des Schlafzimmers verschlossen und ließ sich lange nicht öffnen. Es war ein warmer Sommertag. Die Luft war stickig. Die Fensterscheibe war mit meinem Schweiß beschlagen. Immer wieder rüttelte ich an der Klinke. Schmiss mich gegen die Tür, ohne dass diese nachgab. Aus der Wohnung waren Geräusche zu hören. Türen klapperten. Etwas schien über den Holzboden gezogen zu werden. Als sich die Tür am Nachmittag öffnen ließ und ich mich hastig in der Wohnung umsah, wusste ich nicht recht, ob sich etwas verändert hatte. Vorsichtshalber hob ich sämtliche Türen aus den Angeln und stapelte sie im Flur übereinander.

Im Laufe der Zeit kam mir diese Wohnung immer enger vor, und ich wusste nicht, ob ich es mir nur einbildete. Mir schien, dass der Platz darin immer mehr abnahm. Anfangs schob ich es auf die Tabletten, die man mir verschrieben hatte. Tabletten, die das Gefälle zwischen altem und neuem Leben ausgleichen sollten, wie mir der Arzt am Bahnhof erklärt hatte. Tabletten, von denen ich drei, manchmal fünf nahm und die dann das Leben in Zeitung einzuschlagen schienen, damit ich es erst dann auspacken konnte, wenn ich das auch wirklich wollte. Ich packte es immer weiter ein. Durch die Tabletten war es, als rücke ich von dem eigentlichen Leben etwas ab. Als blicke man falschherum durch ein Fernglas, alles kam mir klein und weit weg vor. Ließ die Wirkung nach, so kam mir die Wohnung sehr eng vor, ein schmales Futteral, in den mein Leben kaum hineinzupassen schien. Im Schlafzimmer konnte ich mit ausgestreckten Armen beide Wände berühren. Das war früher nicht möglich gewesen. Da war ich mir sicher.

IMMOBILIAGENESE

Ich kaufte Duschvorhangstangen. Sogenannte Teleskopstangen. Einige. Teleskopstangen, die ich zwischen den Wänden anbrachte, weil ich das Gefühl hatte, nun ja, dass sie sich aufeinander zubewegten. Sich verschoben. Dass die Wohnung mich derart hasste, dass sie mich daraus vertreiben wollte und sich nun immer enger zusammenzog. Wie ein Igel, oder nicht wie ein Igel, wie ein anderes verdammtes Tier, das sich halt zusammenzieht. Ich weiß nicht, welches Tier sich zusammenzieht. Weiß ich nicht. Na und?!
Nachts war nun immer ein metallisches Knacken zu hören. Etwas schien enormen Druck auf die Teleskopstangen auszuüben. Am Morgen waren sie leicht gebogen. Doch was mir am meisten Sorgen machte, war der Umstand, dass ich mir eines Morgens den Kopf an der Decke stieß.
Ich kaufte noch mehr Teleskopstangen. Ich spannte sie zwischen Decke und Boden, und ich spürte diese enorme Spannung, die mit jedem Tag zunahm. Ich wollte nicht darüber nachdenken, was geschehen würde, wenn der Druck zu groß wurde.
Der Versuch, sämtliche Wände herauszuschlagen, gestaltete sich schwieriger als angenommen. Ich hatte mit einem Vorschlaghammer auf verschiedene Wände eingeschlagen, doch sie hatten nicht nachgegeben. Es war nicht einmal Putz heruntergerieselt. Immer wieder trat ich mir Splitter aus dem Holzboden in die Füße. Ich blieb an Türrahmen hängen, stieß gegen Wände, stolperte über Unebenheiten. Ich glaubte längst nicht mehr an Zufall. Es war die Wohnung, kein Zweifel, meine Wohnung, *meine*, die mich vertreiben wollte. Ich begann mich zu wehren. Wehrte mich, so gut es ging. Ich wollte diese Wohnung nicht kampflos aufgeben. Ich wollte dieser Wohnung, meiner Woh-

nung, zumindest Schmerzen, wenn man dieses Wort in diesem Zusammenhang verwenden kann, zufügen. Ich schlug Nägel in die Wände. Große Nägel. Einfach so. Ich kaufte eine Schlagbohrmaschine und einen Satz großer Bohrer. Große, lange Bohrer, mit denen ich eine Vielzahl an Löchern in die Wände bohrte. Ich kippte Wasser, Salz, Säure hinein.

Nachts schlief ich oft vor Erschöpfung ein und glaubte manchmal, die angenehme Schwere der Zufriedenheit in meiner Brust zu spüren. Von Weitem hörte ich noch das metallische Sirren der Teleskopstangen, die sich mit jedem Morgen stärker krümmten, und ich fragte mich, wann mir all das hier um die Ohren fliegen würde. Oft lag ich da und wagte nicht, mich zu bewegen, aus Angst, es könne der Auslöser sein, der die Wände zusammenklappen und die Teleskopstangen wie Streichhölzer brechen ließ. An manchen Tagen hatte ich Angst, der Boden könne mich nicht mehr tragen. Er schien nachgiebiger geworden zu sein.

Gestern Nacht war das schwarze Kabel der Deckenlampe gewachsen und hatte sich um meinen Hals geschlängelt, wie ein Kreisel hatte sich die Glühbirne auf dem Boden bewegt. Von dem Geräusch war ich wach geworden. Ich weiß nicht, was sonst geschehen wäre. Ich schnitt es ab.

Als dann in dieser Nacht ein Stück Beton aus der Decke fiel und mich nur um wenige Zentimeter verfehlte, wusste ich, dass es so nicht mehr weitergehen konnte.

Sie wollte nicht mitkommen. Das Fräulein Petrella wollte einfach nicht mitkommen. Die Bohrmaschine schien ihr keine

Angst einzujagen. Sie sah mich an, dann die Bohrmaschine, und ein Lächeln huschte über ihr Gesicht, und es kam mir vor, wie das Licht über der Wasseroberfläche eines Sees, in dem man gerade zu Boden sinkt und zu ertrinken droht. Kurz war da eine Stimme in mir. Doch sie sagte nichts. Sie schrie einfach nur auf und verstummte augenblicklich wieder. Ich sagte noch etwas zum Fräulein Petrella. Ich weiß nicht mehr was. Dann schlug ich ihr die Bohrmaschine auf den Kopf. Ab dann wird es nebulös. Ich weiß noch, dass ich mir das Fräulein Petrella über die Schultern legte und mit ihr aus der Wohnung wankte. Ihr blondes Haar, es roch nach Pferd. Ich kann nicht wirklich sagen, wie ich sie, ohne dass jemand mich aufhielt, in die Wohnung getragen habe. Meine Wohnung. Meine! Dort legte ich sie auf den Stapel Türen im Flur wie auf einen Opferaltar. Dann muss ich zusammengebrochen sein.

Ich kam in dieser Zelle zu mir, in der ich auch jetzt noch sitze. Von draußen sind Stimmen zu hören, aber es kommt niemand. Ich glaube, ich sitze seit mehreren Wochen hier, ohne dass jemand kommt. Auch nicht, wenn ich schreie. Manchmal schlafe ich ein, erwache ich dann wieder, steht vor der Zellentür ein Tablett mit einem Glas Milch darauf und einem Teller mit belegten Broten. Sonst geschieht nichts. Noch immer trage ich die Kleidung, die ich auch an jenem Tag getragen haben muss. Überall kleben noch die langen blonden Haare vom Fräulein Petrella daran. Ich nehme sie und lege sie nebeneinander vor mir auf den Zellenboden. Schreite ich die Zelle ab, so achte ich darauf, sie nicht zu berühren. Immer wieder schreite ich die Zelle ab, um mich zu vergewissern, dass die Wände sich nicht bewegen. Dass dieser Raum ein toter Raum ist. Tot im Sinn von leblos. Sicher bin ich mir aber nicht. Sicher bin ich mir da wirklich nicht.

EIN STERN NAMENS MONIKA

DER OZ-FAKTOR

»Außerirdische haben mich untersucht«, sagt sie am Frühstückstisch und zieht sich den Bund ihres Nickipyjamas hoch, um mir etwas zu präsentieren, das für mein Empfinden eher nach einer Gürtelrose aussieht.
»Sie haben mich vermessen«, sagt sie stolz. »Wirklich. Sie haben Punkte markiert und Proben entnommen.« Sie präsentiert mir Leberflecke und Wunden. »Mit einer Apparatur haben sie sogar meine Brüste gewogen.«
»Aber warum denn nur?«, frage ich.
»Ich weiß es nicht«, sagt sie. »Vielleicht wollen sie mich nachbauen.« Sie sieht mich kurz an, schaut dann verhältnismäßig nachdenklich aus dem Fenster.

Ich glaube, all das begann, kurz nachdem man sie aus der Schauspielgruppe geworfen hatte. Weinend war sie im Prinzessin-Kostüm nach Hause zurückgekehrt, hatte sich aufs Sofa geschmissen und mit den kleinen, noch in weißen Handschuhen steckenden Händen darauf eingetrommelt. Am Tag darauf war dann auch noch das Ablehnungsschreiben eines Verlages eingetroffen. Ihr Lyrikband *Blumen XII* sei stilistisch unausgegoren. Ebenso wie *Blumen I–XI*. Manchmal stecke nicht umsonst das Wort »Anus« in »Manuskript«. Sie solle bitte Abstand davon nehmen, weitere Manuskripte an den Verlag zu senden.

Jahre hatte meine Frau in der festen Überzeugung verbracht, sie sei Künstlerin. Und wenn man sie sah, so zweifelte man keine Sekunde daran. Stets fiel sie auf. Meist war ihre Kleidung mit Klimperbesatz behangen, in schrillen Farbtönen und seltsam geschnitten. Nicht selten fertigte sie die Kleidung selbst an, und nicht selten sah sie dann auch genauso aus. Niemand trug die Haare so wie meine Frau, die sie sich oft selbst schnitt – bekifft, mit geschlossenen Augen zu Musik, um diese Musik an sich zu spüren, sie nach außen zu tragen, so ähnlich erklärte sie mir, warum sie aussah, wie sie nun mal aussah. Zu der Nussknacker-Suite von Tschaikowsky schnitt sie sich eine Tonsur, von der strähnig das Haar in unterschiedliche Richtungen abstand. Zu Justin Timberlake versuchte sie jedes einzelne Haar auf dieselbe Länge zu bringen. Bei den Böhsen Onkelz hatte sie einfach nur Schneisen ins Haar geschnitten und sah am Ende tatsächlich so aus, wie die Musik klingt.

Nicht selten mischte sie französische Ausdrücke in ihre Sprache. Nicht selten dachte sie sich diese Ausdrücke selbst aus. Oft waren es auch nur Wörter wie »Möbelpolitur« oder »Giraffe«, die sie französisch aussprach und vorgab, dass diese noch aus ihrer Zeit in Montmartre stammen würden. Mittlerweile waren wir so lange zusammen, dass selbst ich daran zu glauben begann, dass sie in Montmartre gelebt und wir uns wirklich dort kennengelernt hatten. Doch die Wahrheit ist die, dass ich der Einzige auf der Welt bin, der sie jemals, wenigstens für einen kurzen Moment, als Künstlerin wahrgenommen hat. Zumindest glaube ich das. Ich bin der Einzige, der je ein Bild von ihr gekauft hat. Natürlich malte sie auch, was glauben denn Sie. Und tatsächlich hängen ab und zu in der Metzgerei Brotzenboch im Ort ein paar ihrer Werke. Es gibt eine Vernissage mit Mettbrötchen und Bier, zu der Kunden kommen und gierig die Mettbrötchen verschlingen. Durch Zufall bin ich einmal in so etwas hineingeraten. Dort haben wir uns kennengelernt. Sie hatte mir leidgetan, und aus Mitleid hatte ich ein Bild gekauft, das »Comme ci, comme ça« heißt und auch so aussieht. Bis heute habe ich nicht erkennen können, was darauf dargestellt sein soll.

»Eine Vielzahl nackter Menschen vor dem Louvre, die dort gegen die eingesperrte Kunst protestieren«, erklärte sie später, als wir und das Bild noch in einer Bar etwas trinken waren. Ich hatte mich für dieses Bild entschieden, da es nicht sonderlich groß war. In der Bar legte ich es so hin, dass niemand sah, was drauf war.

Sie tat mir leid. Mitleid ist eine große Macht in meinem Kosmos. Ich besitze viele Tiere aus Heimen. Spende Geld für Kinder, die ich nicht kenne, deren Sprache ich noch nicht einmal spreche, und um ehrlich zu sein, von denen ich noch nicht einmal weiß, ob es sie wirklich gibt oder ob es nicht in Wahrheit deutschstämmige Erwachsene sind, die mir die Karten schreiben, auf denen Dinge stehen wie: »Horst, danke Geld. Hab gekauft Brot. Dein Muburunu«

Und noch etwas hat mich für sie eingenommen. Ich selbst habe keinen Traum. Ich habe nie wirklich etwas werden wollen. Schon als Kind nicht, und ich habe meine Kameraden immer bewundert, wenn sie Feuerwehrmann oder Polizist hatten werden wollen. Später gar Rockstar oder Schönheitschirurg. Ich wusste nicht, was ich werden wollte, und leite heute völlig leidenschaftslos einen kleinen Supermarkt in der Vorstadt der Stadt, in der wir leben. Sie dagegen schien nur aus Wollen zu bestehen, nur aus Wünschen und Hoffnungen, und ich bewunderte ernsthaft die Kraft, mit der sie diese am Leben hielt. Ja, sogar immer noch größere Wünsche hervorzauberte, und oft fragte ich mich, woher sie all diese Wünsche hatte. Ich hätte mich gefreut, auch nur einen einzigen davon zu besitzen.

Es brauchte etwas, aber irgendwann begann ich wirklich, sie zu lieben. Vielleicht war diese Liebe etwas gewesen, was ich mir gewünscht hatte. Mit aller Gewalt. Gewalt ist das richtige Wort, glaube ich. Ich wünschte mir, sie zu lieben, um sie mit meiner Liebe für ihre Talentlosigkeit auszusöhnen. Denn man musste nicht wirklich viel Kunstverstand besitzen, um zu erkennen, dass, was auch immer meine Frau gut konnte, künstlerische Dinge ganz sicher nicht dazugehörten. Und um ehrlich zu sein, glaube ich, dass meiner Frau an der Kunst hauptsächlich gefiel, im Mittelpunkt zu stehen. Der kurze Moment, in dem es sich so anfühlte, als drehe die Welt sich nur um sie.

Sie war Anfang vierzig, als ihr dann die Kraft ausging. Ich kam von der Arbeit nach Hause, als ich sie mit hochrotem Kopf mit ihren Bildern auf die Tonskulptur einschlagen sah, die Rezession und Umweltverschmutzung darstellen sollte und die nun einfach nicht kaputtgehen wollte. Überall lagen Papierfetzen ihrer Lyrikbände Blumen I bis XII (»Tulpe, Tulpe/plastinesk wie du nun bist,/willst Schönheit sein,/und bist doch wie PVC,/oh jemine«).

»Kunst ist falsch und Scheiße«, schrie sie mich an, nachdem sie mich bemerkt hatte. Fast fünf Minuten hatte ich nur dagestanden und ihr zugesehen, wie sie nach der Skulptur trat, sie anspuckte, immer wieder mit den Leinwänden darauf einschlug, sich schließlich darüberhockte und darauf urinierte.

Reglos stand ich da. Ich erkannte meine Frau nicht wieder, und mit einem Mal formte sich tatsächlich so etwas wie ein Wunsch in mir. Ich wünschte mir, alles wäre wieder so, wie es einmal war.

»Kunst ist falsch!«, schrie sie.

Ich nickte. Sie zog mich zu der Skulptur.

»Mach die Kunst kaputt, sonst macht sie dich kaputt!«

Erwartungsvoll sah sie mich an. Zaghaft stieß ich mit der Fußspitze gegen die feuchte Skulptur.

»Doller!«, schrie sie und schlug mir mit voller Wucht auf den Rücken. Ich wusste nicht, wie mir geschah. Anfangs zaghaft, doch dann schlug ich immer heftiger auf die Skulptur ein. Nahm diese schließlich sogar, nachdem ich mich vergewissert hatte, dass meine Frau mein Tun noch immer billigte, und schmiss sie immer wieder auf den Boden. Warf sie gegen die Bilder, die all die Jahre den Flur verunstaltet hatten.

»Verfickte Bilder!«, meine ich, mich schreien zu hören. »Ich scheiß euch an, ihr Bastarde.«

Ich schwitzte derart, dass ich mich meines Hemdes entledigte. Dann mit bloßen Fäusten auf die Bilder einschlug, die Skulptur. Meine Hände bluteten. Doch ich war so in Rage, dass ich es erst sehr viel später bemerkte. Schließlich trugen wir alles nach draußen und stellten es an die Straße.

Ich glaube, ihre letzte Hoffnung war, dass jemand die Sachen mitnehme. Doch niemand nahm sie mit. Nicht einmal die Müllabfuhr. Noch Wochen später stand diese Skulptur da. Unbeeindruckt von Zeit und Witterung schien sie sich der Umgebung anzugleichen, so dass sie kaum noch auffiel.

Anschließend ging es meiner Frau besser als angenommen. Ich hatte gedacht, sie falle in ein tiefes Loch. Ich dachte, es würden Jahre der Depression folgen. Doch nichts dergleichen. Meine Frau schien fast wie erlöst. Sie trug die Haare kurz, kleidete sich schwarz und kaufte sich ein großes Teleskop, von dem ich anfangs nicht wusste, wozu sie es brauchte. Dazu eine CB-Funk-Station, an der sie nun viele Tage verbrachte und versuchte, Stimmen aus dem Jenseits aufzunehmen. Doch meist waren nur verzweifelte Männer aus dem Diesseits zu hören. Einer erzählte, er funke seit seinem 12. Lebensjahr. Ein anderer sagte, dass das Handy den CB-Funk getötet habe. Immer wieder flehten sie meine Frau an, sie zu besuchen. Sie hätten ja niemanden. Mit CB-Funk könne man ja nicht weit funken, und einmal waren wir wirklich zu einem von ihnen gegangen. Ein junger Mann in der Nachbarschaft und kurzen Hosen, aus denen weiße, für sein Alter ganz schön behaarte Beine ragten.

Nachts nun funkte meine Frau Nachrichten ins All. Auf unserem Dach ist eine riesige Antenne, und auf die Schindeln hat meine Frau Zeichen gemalt, die sie in einem UFO-Buch gesehen hat. Manchmal scheint sie tatsächlich Nachrichten zu empfangen. Eines Nachts habe ich sie rauchend am Küchenfenster entdeckt. Sie sprach mit dem Himmel. Als ich sie fragte, mit wem sie da spreche, seufzte sie und zeigte auf den Himmel: »Siehst du doch, du Dummerchen.«

Auf sämtlichen Fensterscheiben klebte Butterbrotpapier, auf das sie jede Nacht wieder die Sternenkonstellation übertrug und unbekannte Objekte mit Fragezeichen versah. Manchmal war sie draußen, weil sie ein Licht gesehen hatte.

»Ein außerirdisches Licht«, wie sie immer sagte. Resigniert kehrte sie zurück, weil es dann doch nur wieder ein vorbeifahrendes Auto gewesen war.

»Wenn ich morgen nicht mehr da bin, sei nicht traurig, du weißt dann ja, wo ich bin«, sagte sie jede Nacht zu mir, bevor wir schlafen gingen, und zeigte dabei auf den Himmel. Sie war fest davon überzeugt, dass eines Nachts Außerirdische kommen und sie mitnehmen würden. Ein kleiner Koffer stand unter dem Küchenfenster, darin wetterfeste Kleidung fürs All. Sie hatte Essen für mich für anderthalb Jahre vorgekocht. Acht Tiefkühlschränke standen seit Kurzem in der Küche und brummten.

»Letzte Nacht bin ich wach geworden und habe ein Licht, ein magisches Licht, in unserem Wohnzimmer gesehen, und als ich ging, um nachzusehen, was denkst du, was ich da sah? Einen Mann. Einen außerirdischen Mann, der an unserem Schrank stand und mich ansah. Er hatte ein Foto von mir bei sich, wie ich schlafend in unserem Bett liege. Er zeigte darauf. Zeigte dann auf sich und machte ein Geräusch. Unanständig, aber außerirdisch.« Sie kicherte.

Ich liebe meine Frau. Ich liebe meine Frau wirklich, und mir war fast egal, was sie glücklich machte, Hauptsache, sie war glücklich. Unglück, das war bei meiner Frau wie eine Flut, die erst sie flutete und dann das Leben um sie herum.

Sie entdeckte Druckstellen an sich, morgens, wenn sie erwachte und ihren Körper als Erstes nach Unregelmäßigkeiten, wie sie das nannte, absuchte. Kreisrunde Abdrücke, Rötungen, so etwas konnte meine Frau in helle Aufregung versetzen. Eines Morgens zeigte sie mir mal Druckstellen an ihrem Körper. Kleine violette Flecken, von denen sie behauptete, sie stammten von den Fingerkuppen von Außerirdischen, die in ihrem nachgiebigen Fleisch herumgedrückt hätten, um sie zu untersuchen. Ich fragte mich, wie sie darauf kam. Wieso sie dachte, ich würde ihr glauben. Schließlich hatte ich in der Nacht gesehen, wie sie selbst in sich herumgedrückt hatte. Sie zeigte mir kleine Schriftzeichen, die sie zwischen Hautwülsten fand. »Außerirdische Zeichen«, erklärte sie lapidar, »jetzt dauert's nicht mehr lang.«

In manchen Nächten hörte ich meine Frau in der Wohnung lachen. Sie schien mit jemandem zu scherzen. Ahmte Geräusche nach. Klatschen folgte. Schnelles Klatschen. Ich blieb liegen und ließ sie tun, was sie glücklich machte.

Morgens war meine Frau oft schon wach. Sie strahlte dann. Ihre Wangen glühten, und ich glaube, ich hatte sie bis dahin noch nie so glücklich gesehen. Um ehrlich zu sein, das tat auch etwas weh.

In dieser einen Nacht, in der Nacht, die alles veränderte, stand ich dann doch auf, um nachzusehen. Später fragte ich mich oft, was geschehen wäre, hätte ich es nicht getan. Hätte ich unser Leben vor der Veränderung beschützen können? Wieder war

Der Oz-Faktor

Gelächter aus dem Wohnzimmer zu hören gewesen, und ich ertrug es einfach nicht mehr. Ich glaube, es war die Ahnung, dass meine Welt auseinanderzubrechen drohte, die mich aufstehen ließ. Nicht bewusst, aber vielleicht hatte ich unbewusst die Absicht, etwas zu unternehmen. Mich zu wehren. Gegen all das. Es geschah einfach zu viel. Zum einen gab es Gerüchte, dass die Kette, der mein Supermarkt angehörte, meine Filiale schließen wollte. Einfach weil wir nicht mehr rentabel genug waren. Ich hatte an eins der dunkelhäutigen Kinder geschrieben, dass ich es nicht mehr unterstützen könne. Außerdem müsse er oder sie ja, noch immer wusste ich nicht, ob es sich bei Muburunu um einen Jungen oder ein Mädchen handelte, nun etwa Mitte zwanzig sein und könne wohl für sich selbst sorgen. Zurück kam eine sehr bösartige Karte, auf der allerlei Beschimpfungen standen, ich solle mir mal ins Knie und könne mir das Geld und so weiter. Kurzum, ich war in keiner sonderlich guten Verfassung an diesem Abend. Ich neige zwar nicht zur Wut, doch an diesem Abend war ich wütend. Richtig wütend, und so stürmte ich durch die Wohnung ins Wohnzimmer, wo ich meine Frau, eingepackt in Alu-Folie, eine Art Sektflöte in ihrer Hand, lachend und scherzend vorfand. Ich hatte schon zum Schreien und Schimpfen angesetzt, als ich mit einem Mal entdeckte, dass da noch etwas war. Ein kleiner, dicker Mann. Groß wie ein Pinguin, der auf dem Boden stand und ungelenk tanzte. Aus seinem Kopf ragte eine große Antenne, mit der er, wie bei einem Autoscooter, an die Wohnzimmerdecke stieß.

»Wer ist das?«, fragte ich.

»Ein Außerirdischer«, entgegnete sie, als wäre es das Selbstverständlichste von der Welt. »Er heißt François.«

Der kleine Mann machte eine Verbeugung und zog einen unsichtbaren Hut vor mir. Er sagte so etwas wie: »Bonjour.«

»François hat sein Raumschiff verloren«, erklärte sie ernst. »Wir müssen ihm helfen.«

Ich fuhr. Meine Frau besitzt keinen Führerschein. François saß hinten im Auto und schien glücklich. Wir hatten das Seitenfenster einen Spalt geöffnet, durch den nun seine Antenne nach draußen ragte. François lachte. Sang dann wieder ein außerirdisches Kinderlied. Zumindest klang es so. Meine Frau klatschte übertrieben begeistert in die Hände, bis ich schrie: »Haltet die Schnauze, ihr Spacken!«

Den Rest der Strecke schwiegen wir. Meine Frau hatte einen kleinen Koffer mit, in dem sich Unterwäsche, Cremes und Kleider befanden. Immer wieder hatte sie François Sachen gezeigt, und dieser hatte entweder genickt oder den Kopf geschüttelt. François dirigierte uns, und manchmal musste ich den Wagen im Schritttempo fahren, bis er dann wieder weiterwusste. Er zeigte auf seine Antenne.

»Antenne«, sagte er.

»Ach«, antwortete ich. Hasste mich sofort dafür.

Wir fuhren raus aus der Stadt in eine Waldgegend. Irgendwann sagte er, ich solle links abbiegen. Ich fuhr in einen kleinen Waldweg. Innerlich stellte ich mich schon darauf ein, jeden Augenblick etwas auf den Kopf zu bekommen. Ausgeraubt zu werden. Fast empfand ich Freude bei dem Gedanken, dass mein Leben nun die Gleise der Einförmigkeit verlassen würde, um einfach querfeldein zu fahren. Irgendwann kamen wir auf eine Lichtung. Ich bekam etwas auf den Kopf.

Als ich wieder zu mir kam, schien die Sonne, und meine Frau und François waren fort. Mein Kopf schmerzte. Ich fühlte mich benommen. Der Wald schien mir zu nah zu sein, so dass ich die Augen etwas zukniff, ohne dass es half. Vögel pfiffen und bemühten sich vergebens darum, Normalität zu verströmen. Ich ging auf die Lichtung und suchte diese nach irgendwelchen Anzeichen dafür ab, dass all das geschehen war, was ich glaubte, dass geschehen sei. Doch ich fand, wie zu erwarten war, nichts. Selbst als ich auf allen vieren darauf herumkroch und mein Gesicht ins trockene Gras presste. Es roch nach Reh, fand ich. Mehr entdeckte ich nicht. Einzig das hintere Seitenfenster des Autos war noch immer einen Spaltbreit heruntergekurbelt. Der Koffer meiner Frau fehlte.

Ich fuhr wieder nach Hause. Die Wohnung kam mir sehr groß vor, und als meine Frau nach einer Woche immer noch nicht wieder zurückgekehrt war, ging ich nach draußen und holte die Skulptur wieder herein. Ich stellte sie in der Wohnung auf, damit sie etwas von der Leere nahm. Das erste Mal in meinem Leben sah ich etwas darin. Fast gefiel sie mir. Immerhin roch sie noch nach meiner Frau.

Bald ein Jahr ist das nun her. Noch immer habe ich nichts von meiner Frau gehört. In den Nächten stehe ich meist am Fenster. Ich schlafe am Tag. Der Supermarkt ist geschlossen worden. Ich sehe nach draußen, markiere nun meinerseits die Sternenkonstellation. Und nun, seit ein paar Nächten, habe ich einen Stern entdeckt, der zuvor noch nicht da gewesen ist. In manchen Nächten scheint er hell zu blinken und zu flackern. Dann wieder ist er verschwunden, nur um am Tag darauf wieder hell zu erstrahlen. Ich nenne ihn Monika. Ich hoffe, ihr geht es gut. In den Nächten bin ich stets wach, in der Hoffnung, dass sie mich nachholt. Dass sie kommt und mich zu sich holt. Monika, bitte. Bitte!

BIG AKW

ELEKTRISCHE MENSCHEN

Vater war nun oft im Fernsehen zu sehen, wie er sich verschiedene Stecker in den Mund steckte und so elektrische Gerätschaften wie Staubsauger, Pürierstäbe oder Hi-Fi-Anlagen zum Laufen brachte. Anfangs applaudierte das Publikum noch, man war begeistert. Selten habe ich Vater so glücklich erlebt wie in dieser Zeit. Erst später buhten sie, und immer häufiger trafen Briefe ein, in denen man Vater als Scharlatan beschimpfte.

So euphorisch Vater anfangs wegen seines neu entdeckten Talents auch war, so niedergeschlagen wirkte er später. Man sah ihm an, wie sehr es ihn kränkte, dass viele zu glauben schienen, er würde sie für dumm verkaufen. Eine Art Ekzem des Zweifels begann sein Gesicht zu überziehen, das jeden Tag, je nachdem, wie groß Vaters Zweifel war, andere Formen annahm, die zu deuten mein Bruder und ich nicht müde wurden. Mal sah dieses Ekzem aus wie ein Elefant, dann wieder wie ein purpurfarbener Tintenklecks, der sich an schlimmen Tagen von seinem Gesicht aus über Brust und Bauch bis hin zu den Knien erstreckte.

»Das ist doch kein Trick!«, schrie er manchmal, nahm den Stecker des Radios in den Mund und brachte es so zum Laufen. Oder er betäubte unsere dicke Katze Pullermann mit Stromschlägen. Erwartungsvoll sah er uns anschließend an.

»Nein«, hatten wir dann zu sagen. »Nein, nein, das ist wirklich kein Trick, Papa. Alles echt. Alles echt.«

So taten wir das auch, war jemand von der Zeitung oder dem Fernsehen da. Denn über Vater wurde nun oft in Fernsehzeitungen und Wochenblättern berichtet. Die Ausschnitte rahmte Vater bereits am Tag ihres Erscheinens. Sie zierten nun Wohn- und Essbereich unserer kleinen Wohnung.

Unter uns: Man konnte es den Leuten nicht verübeln, dass sie Vater misstrauten. Zu viel war bis dahin einfach schon geschehen, und Vater war weiß Gott nicht dieser unschuldige, ehrliche Mensch, für den er sich nun ausgeben wollte. Vater ist nach dem Krieg groß geworden. Vater ist nie zur Schule gegangen, wie er häufig stolz verkündete. Und oft merkt man das auch. Dokumente musste meist Mutter für ihn unterschreiben. Vater weiß nicht, warum es regnet, und er hat keine Ahnung, wie Strom funktioniert. Vater ist in die Schule des Lebens gegangen, wie Vater und auch Mutter gerne sagen, und so blieb nicht viel, was Vater hätte werden können. Vater wurde Zauberer. Er konnte also schon allein von Berufs wegen nie ganz ehrlich sein. Denn Ehrlichkeit, das ist der Feind der Magie.

Bevor mein Vater den Strom in sich entdeckte – tatsächlich entdeckte er diesen, es war wirklich kein Trick, glauben Sie mir bitte –, fuhr er mit meiner Mutter übers Land, wo sie in Kneipen und auf Dorffesten mit einer Zaubershow auftraten. *Anton Erich's und Gabi's Zaubershow*. Mein Vater war kein guter

Zauberer, und so traten sie hauptsächlich in sehr kleinen Dörfern auf, wo man die Leute noch mit Kleinigkeiten überraschen konnte. Aber auch dort traten sie meist erst nachts auf, wenn ein Großteil der Besucher bereits so betrunken war, dass sie den Unterschied zwischen Suff und Magie nicht mehr begriffen. Mein Vater brachte Schafe zum Schweben. Mein Vater brachte meine Mutter zum Schweben. Mein Vater brachte Betrunkene zum Schweben. Natürlich nicht wirklich. Vater konnte noch nicht einmal etwas verschwinden lassen. Es waren unsichtbare Schnüre, die Vater, wenn Mutter, aufreizend an sich herumreibend, im Trockeneisnebel tanzte, mit dem Probanden verband. Schnüre, die zu einer großen Kiste führten, die bei jeder Aufführung im Hintergrund der Bühne stand und so aussah, als würde später noch in ihr meine Mutter zersägt werden. Doch in Wahrheit steckte darin Onkel Bemme, der Bruder meines Vaters. Er verbrachte die meiste Zeit in dieser Kiste, damit niemand das Geheimnis dieses Tricks ergründete. Bemme kam nur nachts raus, wenn sie unterwegs waren in einen anderen Ort. Bemme war kleinwüchsig und sehr stark. Er zog an den unsichtbaren Schnüren, und die Personen hoben ab, so dass jedermann glaubte, diese würden schweben. Den Rest des Tages hatte er zur freien Verfügung. Meist lag Bemme in der Kiste und las mit einer Taschenlampe Kinderbücher oder hörte Radio über Kopfhörer. Mein Onkel Bemme hat sich irgendwann das Leben genommen. Niemand wusste, warum.

Mit ganz ähnlichen Tricks funktionierten die Telepathie oder die Hypnose, bei der Vater den Leuten Hochprozentiges in den Mund blies, das sie sofort betrunken machte. Wenn sie es nicht längst schon waren. »Sing!«, befahl Vater dann. »Torkle, erbrich!«, und der scheinbar Hypnotisierte tat, wie ihm geheißen.

Man konnte es den Leuten also nicht verdenken, wenn sie jetzt glaubten, auch die Sache mit dem Strom sei Betrug. Zumal mein Vater, als er spürte, welche Gabe er da besaß, selbst überrascht war und immer wieder einen von uns bat, ihn zu berühren, nur um dann laut zu lachen, bekamen wir wieder einen Schlag und zuckten zusammen.

Mein Vater heißt Anton Erich Kawend und sein Künstlername war immer Big Magic AEK gewesen. Nun nannten wir ihn alle Big AKW, denn mein Vater konnte alles Mögliche unter Strom setzen. Ständig sprang die Sicherung raus, legte er seine Hand auf den Fernseher oder schob er mit beiden Händen zwei Nägel in die Steckdose, um den Strom darin zu vertreiben wie einen Schwarm Aale.

Anton Erich's und Gabi's Stromshow nannten sie sich nun, und der erste Auftritt fand in einer kleinen Kneipe in der Nähe Brokdorfs statt, wo die Leute von Natur aus ein Interesse an Strom besaßen und sehen wollten, was mein Vater so an Stromtricks drauf habe. Es begann mit einfachen Kunststücken. Leute mussten meinen Vater an verschiedenen Stellen seines Körpers berühren und zuckten anschließend zusammen. Oder er holte sich Kinder auf die Bühne, fasste sie an den Händen, bis ihnen die Haare zu Berge standen. Vater hatte Tauben dabei, die er in den Mund nahm und durch den Strom betäubte. Anschließend warf er sie in die Luft mit den Worten: »No magic, just energy«. Mit einem dumpfen Knacken schlugen sie irgendwo in der Dunkelheit auf. Zuschauer zogen angewidert die Beine zur Seite.

Elektrische Menschen

Vater betrieb auf der Bühne einen Staubsauger. Einen Mixer. Schraubte sich eine Energiesparlampe in den Mund und brachte sie zum Glimmen. Er lud Handys auf. Leuchtete im Dunkeln. Vater tat alles Mögliche an beeindruckenden Dingen, doch die Leute glaubten ihm einfach nicht. Viele verließen vorzeitig den Saal, weil sie an einen billigen Trick glaubten.

»Kabel«, sagten sie, »irgendwo sind da doch sicher Kabel!« Vater war so aufgebracht, dass er sich schließlich auszog und im Kreis drehte.

»Kabel, oder was?! Sieht das nach Kabeln aus?!«, wie verrückt sprang er in die Luft, zog an sich herum, damit die Leute sahen, dass da nichts war. »Alles echt!«, schrie er und ließ einen kleinen Blitz zwischen seinen Händen hin und her springen.

Irgendwann entdeckte ihn das Boulevard-Fernsehen, und von nun an waren ständig Kamerateams bei uns zu Hause. Ständig machte man Filmaufnahmen, in denen mein Vater nachdenklich an einem Atomkraftwerk vorbeilief oder in einer Fußgängerzone stand, wo Passanten dazu aufgefordert wurden, ihn zu berühren. Auch das Fernsehen glaubte meinem Vater nicht so recht, und die Berichte über ihn waren stets von einem sarkastischen Unterton geprägt. Nicht selten zeigten die Bilder ihn in Situationen, in denen man vorgegeben hatte, die Kamera würde nicht filmen. Mein Vater, der sich Speisereste aus den Zähnen herauspult oder sich von Mutter das Haar blitzförmig nach oben frisieren lässt.

Trotz der Zweifel der Leute war Vater stolz auf sich. Vielleicht war es das erste Mal in seinem Leben, dass er selbst glaubte, etwas Besonderes zu können. Doch mit dem Strom hatte auch eine gewisse Melancholie meinen Vater ergriffen, als wäre die Melancholie ein elektrisches Gerät, das nun mit ausreichend Strom versorgt wurde und seinen Dienst wieder aufnahm. Oft hörte ich ihn mit Mutter im Wohnzimmer weinen. Seine Tränen zischten, und man musste aufpassen, dass man sie nicht abbekam, schüttelte Vater vor Verzweiflung seinen Kopf. Er sehnte sich jene Momente herbei, in denen die Leute geglaubt hatten, er könne wirklich Schafe zum Schweben bringen.

Und dann eines Tages beschloss Vater, dass er ein letztes großes Kunststück wagen wollte. Er wollte das Meer aufladen. Er wollte das Meer aufladen und so die Fische an die Oberfläche bringen, damit die Leute sahen, dass er kein Scharlatan war. Dass alles mit rechten Dingen zuging. Mehrere Fernsehteams, sogar aus Belgien, waren angereist. Einige mit Hubschraubern. Der Strand bei Laboe war voll mit Schaulustigen. Mutter verkaufte T-Shirts mit meinem Vater und dem Meer darauf, und wir Kinder verkauften Knisterpulver, das elektrisch im Mund knisterte, kam es mit Spucke in Berührung. AKW-Pulver nannten wir es.

Mit ein wenig Verspätung tauchte unser Vater auf. In einem goldenen Polyesterbademantel, auf dem hinten *The Real Strommann* stand. Das *Real* war rot unterstrichen. Er knisterte bei jeder von Vaters Bewegungen.

Von irgendwoher drang Musik. Kraftwerk, wie ich Jahre später herausfinden sollte. Einige Leute klatschten aus einer Art Reflex heraus, glaube ich, denn schon kurz darauf erstarb der Applaus, und die Leute schoben ihre Hände schnell wieder in die Taschen oder verschränkten die Arme. Unzählige Schaulustige bevölkerten den Strand. Ich glaube, die meisten waren gekommen, um zu sehen, wie mein Vater sich blamierte.

Trotzdem lag etwas Feierliches in der Luft. Einige sahen zu Boden, als Vater theatralisch den goldenen Bademantel auszog, ihn über dem Kopf schleuderte und dann über den Strand fliegen ließ wie einen großen Flugrochen.

Vater wärmte sich auf. Hockte sich hin, machte Ausfallschritte, drückte die Hände durch, bis sie knackten und griff anschließend in den Himmel. All das hatte nicht wirklich einen Nutzen, sah aber gut aus, wie Vater fand, der diese Aufwärmübungen in den Tagen zuvor oft vor dem Spiegel im Schlafzimmer geprobt hatte.

Dann schritt er langsam – Trommelwirbel war von irgendwoher zu hören – auf das Wasser zu. Ging hinein, bis ihm das Wasser bis zum Kinn stand.

Jetzt war es unglaublich still. Alle Leute beobachteten meinen Vater. Das Wasser um ihn herum. Wir alle hatten irgendetwas erwartet. Hatten erwartet, dass irgendetwas geschehen würde. Irgendwas musste doch geschehen. Doch wir sahen nur meinen Vater und die ruhige See um ihn herum. Nichts geschah. Auch Vater schien nervös zu werden. Immer wieder sah er sich um, ob nicht irgendwo irgendetwas an die Oberfläche gedrückt wurde. Doch kein einziger Fisch ließ sich blicken. Noch nicht einmal eine Qualle.

Es würde noch etwas dauern, bis das Meer vollständig aufgeladen sei, erklärte mein Vater laut. Fast eine Stunde war er da schon im Wasser und weigerte sich hartnäckig herauszukommen. Er zitterte, doch das lag nicht am Strom.

Zuerst waren die Hubschrauber abgezogen. Die Fernsehteams folgten. Dann gingen die Zuschauer. Sie lachten. Lachten so laut, dass es noch lange nachklang. Am Ende waren nur noch Mutter und wir Kinder da und baten Vater, er möge nun endlich rauskommen. Es sei doch nicht so wichtig, und dass wir ihm glauben würden und dass wir es vielleicht am nächsten Tag noch einmal versuchen könnten. Noch immer hockte Vater bis zum Hals im Wasser. Wie ein gescholtener Schuljunge sah er aus und machte keinerlei Anstalten, aus dem Wasser zu kommen. Ich hatte den Eindruck, er würde weinen, wagte aber nicht nachzufragen.

»Weinst du etwa?«, rief Mutter irgendwann übers Wasser.

»Ach Quatsch«, rief Vater mit erstickter Stimme.

Wir saßen am Strand, in Decken gehüllt, und sahen meinen Vater an, der im Meer zu versinken schien. Er zitterte jetzt sehr stark. Seine blitzförmige Frisur war eingefallen. Die Haut hatte sich durch die Kälte blau verfärbt. Immer wieder tauchte er unter, und wir sahen dann nur noch ein Stück seines Kopfes, das sich hastig bewegte, so als weine er unter Wasser.

»Du weinst doch«, rief Mutter noch einmal.

»Nein!«, rief Vater zurück.

Jetzt begannen Möwen ihn zu umkreisen, während wir die Decken enger um uns schlugen und versuchten, das bisschen Wärme, das noch in uns steckte, bei uns zu behalten. Und genau das war der Moment. Mit einem kurzen Platschen tauchte der erste Fisch neben Vater auf. So plötzlich, dass wir erschraken. Ein großes Ding war es, das silbern und reglos auf der Wasseroberfläche trieb.

Wir standen auf. Konnten es nicht glauben. Selbst Vater wirkte überrascht, aber erleichtert. Er war ein Stück aus dem Wasser gekommen, um besser sehen zu können.

Ein weiterer Fisch tauchte auf. Kurz danach noch einer. Es wurden immer mehr, und man konnte gar nicht so schnell gucken, wie sie mal hier, mal dort an die Oberfläche schossen, wo sie dann tot auf der bewegten See schwappten. Anfangs nur in Vaters Nähe, doch bald schon war der Teil des Meeres, an dem wir standen, mit toten Fischen übersät, so weit wir gucken konnten.

»Ha!«, schrie Vater nun laut. »Ha!«

Seine beiden geballten Fäuste schnellten aus dem Wasser, und er schlug immer wieder mit ihnen auf die Wasseroberfläche. Dann setzte er sich langsam in Bewegung und watete durch das Wasser und die Fische zu uns an den Strand. Er hatte aufgehört zu zittern, obwohl sein Körper blau und schrumpelig war, überzogen von einer so ausgeprägten Gänsehaut, dass wir sie schon von Weitem sahen.

»Ha!«, machte er noch einmal und zeigte auf die ganzen Fische.

Wir rubbelten ihn trocken. Halfen ihm anschließend in den Bademantel. Erst später fiel uns auf, dass es sonst immer geknistert hatte, rieben wir an Vater, und als Mutter ihn küsste, da bekam sie keinen Stromstoß, so wie sonst.

Vater schien schon längst zu wissen, was uns erst auf der Fahrt nach Hause bewusst wurde. Vater hatte seine Elektrizität an das Meer verloren. Immer mehr tote Fische wurden ans Ufer gespült.

Vater schien es nichts auszumachen, dass er seine Fähigkeit verloren hatte. Er schien glücklich, und noch oft erzählten wir von diesem Tag, über den man später noch in der Zeitung schrieb. Fotos von Hunderten von toten Fischen, die am Strand lagen, und man fragte sich, ob nicht doch *The Real Stromman* dafür verantwortlich war.

Doch Vater wollte nun von alledem nichts mehr wissen. Das Telefon hatte er vorsorglich ausgestöpselt. Die Wohnungsklingel war ausgestellt. Eines Nachts fuhren wir mitsamt unserem wenigen Hab und Gut davon. Wir fuhren die ganze Nacht hindurch in einen winzigen Ort in Süddeutschland, wo man uns nicht kannte und wo mein Vater ein kleines Eisenwarengeschäft eröffnete. Er zauberte nie wieder. Er sagte, das müsse er nun nicht mehr. Er habe alles, was er brauche.

DER AMTSBERG

AKROPATHIE

Anfangs dachten wir, es sei nur das Haus. Mit den Jahren schien es immer weiter zu einer Seite gedrückt zu werden, so dass die Räume ihre geraden Winkel einbüßten. Geahnt hatten wir das schon lange, denn wann immer der Wind stärker blies, ächzte es im Haus wie in dem Bauch eines Schiffes. Nicht, dass wir jemals auf einem Schiff gewesen wären. Aber wir besitzen eine Schallplatte mit Meeresrauschen und Schiffsgeräuschen darauf. An manchen Tagen meinte man sogar zu sehen, wie es sich langsam neigte. Wirkte der Wind auf andere Häuser aus verschiedenen Richtungen ein und sorgte so im Laufe der Zeit für eine Art Ausgleich der Kräfte, so blies der Wind auf unser Haus immer nur von einer Seite. Das Haus steht in einem Tal. Dicht am Fuße des Amtsbergs, einem großen Berg, der so hieß, weil sich darauf ein Amt befand, in das man musste, um sich zu registrieren. Damit die Leute auf dem Berg wussten, dass es die Leute im Tal gab. Der Berg hieß nur im Tal Amtsberg. Die Leute auf dem Berg sprachen nicht von einem Berg. Sie kannten nur das Tal.

Immer näher kam das Haus dem Amtsberg, aber auch der Amtsberg dem Haus, denn auch der Berg schien sich zu verändern, schien zu wuchern, und irgendwann kam er dem Haus so nah, dass man ihn mit ausgestrecktem Arm aus einem der hinteren Fenster im oberen Stockwerk berühren konnte. Mit den Jahren wurde es immer dunkler im Haus, und es war nur noch eine Frage der Zeit, bis in die Zimmer, die rückwärtig lagen, kein Licht mehr dringen würde. Dann alles, was man noch sah, Berg sein würde.

Mein Vater liebte den Berg. Er war bei der Bergwacht, und auch an seinen freien Tagen stand er oben im Haus am Fenster und suchte den Berg nach Gefahren ab. Später hatte er sich sogar eine Art Ausguck auf die Dachluke montieren lassen, von wo aus er den Berg beobachtete. Ob Bergsteiger feststeckten oder andere Gefahren drohten, derer Herr zu werden nur Vater in der Lage war. Vaters Waden waren vom täglichen Bergsteigen so dick, dass er kaum lange Hosen tragen konnte. Sie spannten derart, dass sie nicht nur einmal gerissen waren. Meist trug er kurze Hosen mit Strümpfen, die er hoch über seine Waden zog. Sein Oberkörper dagegen war klein und schmächtig. Seine Arme dünn, und meist klemmte er die Daumen hinter die Riemen seines Rucksacks oder, trug er keinen Rucksack, unter die Riemen seiner Lederhose mit dem weißen Hirschemblem darauf, damit seine Arme nicht so arg um ihn herumschlackerten und sich in seinen bergsteigenden Beinen verhedderten. Jeden Tag wieder stieg er mit der Sonne auf den Berg und stieg hinab, ging die Sonne unter. War Vater zu Hause, war es dunkel. Im Hellen kannten wir ihn nicht. Als Kind hatte ich oft geglaubt, Vater sei es, der es Nacht werden ließ, die er dann in seinem großen Rucksack mit sich herumtrug und auf den Berg brachte, wenn bei uns die Sonne schien. Als Vater verschwand, da glaubte ich anfangs nicht, dass es je wieder dunkel werde, und als es dann doch dunkel wurde, da glaubte ich, Vater sei zurück. Doch das war er nicht.

Vater kehrte eines Tages nicht wieder vom Berg zurück ins Tal. Mutter und ich standen vor dem Haus und suchten mit einem der unzähligen Ferngläser den Berg ab, ob wir Vater dort irgendwo an den Hängen entdecken konnten. Doch nichts. Vater kam nicht wieder, und auch wenn ich noch nie und Mutter nur einmal, um sich zu registrieren, dort oben gewesen waren, so sagte Mutter jetzt, es gehe nicht anders, sie müsse da hoch und nachsehen, was mit Vater sei. Bei diesen Worten sah sie mich ernst an. Dann verschwand sie im Schlafzimmer. Kurz darauf kehrte sie in Vaters Sachen wieder zurück: eine Lederhose mit Hirschemblem, wollene Kniestrümpfe in Schafsfarbe, ein Hut mit Gamsbart.

Ich war dreizehn zu diesem Zeitpunkt und sah meiner Mutter voller Sorge beim Aufstieg zu. Was, wenn auch sie nicht wiederkehrte? Immer wieder blieb sie stehen, winkte mir und rief etwas, was jedoch vom Echo zerpflückt wurde wie Kaiserschmarrn und noch lange danach zwischen den Bergwänden widerhallte. Mutter war früh am Morgen los, und als es dunkel zu werden begann, da war sie noch immer nicht zurückgekehrt. Ich blieb die ganze Nacht draußen. Wachte und machte Feuer, damit Mutter heimfand. Ich wärmte mich mit kleinen Schafen, die ich wahllos aus der Herde griff und mit denen ich mir den Körper abrieb. Die ganze Nacht blieb ich auf.

Als die Sonne aufging, ohne dass Mutter zurückgekehrt war, presste ich mir die Hände auf den Mund, um nicht zu schreien. Draußen hatten wir ruhig zu sein. Aus Respekt vor der Natur, wie Vater immer befohlen hatte.

Fast eine Woche war Mutter auf dem Berg, ohne dass ich je erfuhr, was ihr dort widerfahren war. Als sie zurückkehrte, wirkte sie verändert. Ihr Gesicht hatte an Glanz verloren, an Fülle, war nun grau und glich in Aussehen und Konsistenz den Schafsgesichtern. Ihre Augen waren groß und starr, und ich konnte sie lange nicht anblicken, ohne dass mich ein Schwindel befiel, wie es das auch tat, sah ich zu lange in den Brunnenschacht vor unserem Haus.

»Was hast du?«, fragte ich.

Mutter antwortete nicht.

Mutter sprach nicht mehr.

Mutter sprach nie wieder.

Es war, als hätte sie ihre Sprache dort oben auf dem Berg gelassen. Ohne Rucksack war sie zurückgekehrt, und wann immer ich sie fragte, was geschehen sei, reagierte sie nicht oder schüttelte nur den Kopf.

Seit ihrer Rückkehr begann der Berg ihr Angst zu machen. Sie betrat nie wieder eines der rückwärtigen Zimmer, von denen aus man den Berg sehen konnte. Stets saß sie vorn und blickte ins Tal. Selbst wenn sie, was selten vorkam, kurz das Haus verließ, so sah sie sich nie nach dem Berg um. Sie sah ins Tal, und kehrte sie wieder zurück ins Haus, so schloss sie die Augen oder ging rückwärts. Stets hatte ich dafür zu sorgen, dass die Türen der Zimmer mit Blick auf den Berg verschlossen blieben. Später musste ich ihr die Zimmerschlüssel aushändigen. Mutter nahm sie und warf sie in den Brunnenschacht. Alles, was in irgendeiner Weise an den Berg erinnerte, hatte ich zu verbannen, wenn nicht sogar zu verbrennen.

Es gibt kein Foto von Vater, auf dem nicht auch der Berg zu sehen ist. Lange hatte ich gedacht, es gebe auch kein einziges Bild vom Berg ohne meinen Vater darauf. All die Fotos hatte ich nun zu verbrennen, nur ein einziges rettete ich und versteckte es gut.

An manchen Tagen ertrug Mutter nicht einmal den Schatten des Berges, der über unser Haus hinausragte und es davor kalt und dunkel werden ließ. Außer Gras wuchs dort nichts, und da unser Grundstück kaum über den Bereich des Schattens hinausragte, waren die Tiere, Schafe, Kühe und Hühner, oft bleich und sahen schlecht ernährt aus. Ihre Augen lagen in tiefen Höhlen. Die Tiere wirkten dünn und abgemagert. Manchmal sahen wir sie apathisch über den Hof torkeln, sie stießen gegeneinander.

Irgendwann bemerkte ich, dass unsere Tiere völlig still waren. Kein einziges gab irgendeinen Laut von sich. Kein einziges. Ich habe Vater und Mutter nie darüber reden gehört. Obwohl sie gewusst haben müssen, dass so etwas seltsam ist.

Seit Mutter zurück war, begann sie rasant zu altern. Ihr Haar wurde grau. Nach einem Jahr war es schlohweiß. Ihre Haut schien sich zu dehnen, während ihr Inneres zu schrumpfen schien, so dass die Haut schlaff an ihr herunterhing wie ein zu großes Mutterfutteral. Noch immer fragte ich sie fast jeden Tag, was dort auf dem Amtsberg geschehen war. Jetzt begann Mutter, wenn ich sie fragte, zu zittern. Sie zitterte so stark, dass ihre Zähne klapperten. Dass der Stuhl, auf dem sie tagein, tagaus saß, knarrte. Es klang, als weine der Stuhl anstelle meiner

Mutter. Ich konnte den Stuhl hören, selbst wenn ich nicht im Zimmer war. Nachts war er oft zu hören. So laut, dass ich davon aufwachte, in meinem Bett lag und betete, es würde wieder aufhören. Mutter wurde nicht mehr.

Eines Nachts war das Lamentieren des Stuhls so laut wie nie zuvor. Es schien immer noch lauter zu werden. Ich lag in meinem Bett und vergrub meinen Kopf unter dem Kissen. Doch es half nichts. Immer lauter schrie der Stuhl. Ich hielt es nicht mehr aus. Stand auf und wollte nachsehen, als es mit einem Mal endete. Ein dumpfer Aufprall. Es war kurz still, dann muhte auf einmal von draußen der Hahn.

Eine Woche lang wagte ich nicht, nach oben zu gehen und nachzusehen. Eine Woche, die ich durchwachte und auf ein Geräusch von oben hoffte. Immer wieder hämmerte ich mit dem Besenstiel gegen die Zimmerdecke. Doch es blieb ruhig.

Als ich dann endlich den Mut fand hinaufzugehen, war das Erste, was ich sah, Mutters Augen, die so groß und weit aufgerissen waren, dass sie das ganze Zimmer zu verschlingen schienen. Sie starrte mich an. Aus ihren toten Augen angesehen zu werden fühlte sich an wie Tauchen. Mit ihren Händen schien sie noch einen Berg geformt zu haben. Als ich die Finger voneinander lösen wollte, gelang es nicht. So sehr waren sie ineinander verkrallt.

Ich trennte von Vaters Hosen zwei Hirschembleme ab, die ich Mutter auf die Augen legte. Dann ging ich nach draußen und wusch die Schafe. Ich kämmte sie. Rieb sie mit Rosenwasser ein. Band ihnen an rosa Bändern kleine Glöckchen um den Hals. Anschließend schrieb ich mit Mutters Lippenstift Mutters Namen auf ihr Fell. Dann stieg ich mit ihnen hinauf in Mutters Zimmer.

Feierlich sahen die Schafe Mutter an. Plötzlich begannen sie zu blöken. Sahen mich an. Ich nickte. Ich band Schnüre an Mutter, die ich dann an die Schafe band. Ich hielt ihnen alte Äpfel hin, mit denen ich sie die Treppe nach unten lockte. Mühsam folgten sie mir. Zogen Mutter hinter sich her, bis wir draußen vor dem Haus waren. Dort legte ich Mutter meine Hand auf den Kopf. Ließ die Schafe noch einmal die Äpfel riechen, die ich dann hinunter ins Tal warf.

»Amen«, sagte ich laut.

Die Schafe setzten sich in Bewegung. Zuckelten mit Mutter davon, hinab ins Tal, wo, wie ich wusste, sie die Äpfel nie finden würden.

Auch ich hatte die rückwärtigen Zimmer in unserem Haus lange nicht betreten, und als ich nun die Türen öffnete, erschrak ich etwas. Der Berg war ins Haus gewuchert. Er hatte die Scheiben eingedrückt, und es ließ sich kaum noch unterscheiden, was Fußboden und was schon Bergmassiv war. Das alte Ehebett meiner Eltern war vom Berg vereinnahmt, das Zimmer ließ sich ohne entsprechende Ausrüstung kaum noch betreten. Der Berg reichte fast bis zur Tür, und man konnte auf ihm bis zur Zimmerdecke steigen. Es roch nach Ziege.

Nur mit Mühe und Not konnte ich im Badezimmer, das ich die ganze Zeit nicht benutzt und mich stattdessen in einem Waschzuber vorm Haus gereinigt hatte, das Waschbecken aus dem Berg freischlagen, indem ich mit Hammer und Meißel immer wieder Gesteinsbrocken aus dem Felsen haute. Nachts hörte ich Steine die Abhänge hinunterrollen und ins Haus fallen. Auch das Knacken wurde wieder lauter, lauter als früher, viel lauter. Es schien eine neue Intensität zu haben. Es war, als würde das Haus zerquetscht werden. Der Berg drang ins Haus und begann es ganz allmählich zu umschließen. Im Keller des Hauses war es am schlimmsten. Dort war bereits alles Berg, und der Berg drang nun die Treppen nach oben und schien auch in den vorderen Teil des Hauses zu wollen. Und obwohl ich die Türen der Zimmer, in denen nun der Berg wohnte, fest mit dem Türrahmen verschraubte, musste ich doch nur unten am Fuße des Berges stehen, um zu wissen, dass sich gegen ihn im Grunde nichts ausrichten ließ.

Oft standen nun Bergziegen vor der Haustür und schienen hineinzuwollen. Immer wieder stellten sie sich mit den Hufen auf die Fensterbank und sahen zu mir herein. Schlugen mit ihren Hörnern gegen die Scheiben. So lange, bis sie eines Tages nachgaben, zersplitterten. Sie versuchten, sich durchs enge Fenster zu schieben. Rissen sich die Leiber blutig und gaben doch nicht auf. Eine, dann zwei schafften es tatsächlich ins Haus, und ich hörte sie die Treppen nach oben laufen, wo sie immer wieder mit den Köpfen gegen die verschraubten Türen stießen. Immer wieder. Immer heftiger.

Ich erschoss sie und aß sie. Ich vernagelte die Fenster im unteren Stockwerk. War der Hunger groß, schoss ich aus dem oberen Fenster eines der Tiere, dessen Kadaver ich dann mit einer Art Lasso fing und nach oben zog. Vorsorglich hatte ich viele Eimer mit Wasser gefüllt. Denn der Berg wucherte und war nun schon im Flur, und ich wusste, eines Tages müsse ich eine Entscheidung fällen. Ich wusste, dass der Berg sich nicht aufhalten ließ. Doch ich schob den Entschluss so lange vor mir her, bis der

Akropathie

Amtsberg einfach überall war und mich aus meinem Zuhause vertrieb.

Ich wusste nicht, was ich tun sollte. Noch wohin. Der einzige Weg raus war den Berg hoch oder wieder runter ins Tal, wo noch nie einer von uns gewesen war. Einmal war ein Mann von dort unten hochgeklettert. Er hatte geschrien und war dann vor unserem Haus verendet. Keiner hatte ihn berührt. Nicht einmal die Tiere. Fast ein Jahr waren wir im Haus geblieben und nur Vater hatte sich morgens auf den Berg geschlichen und abends wieder zurück ins Haus, wobei er einen großen Bogen um den Mann machte. Irgendwann hatte sich das Problem von alleine gelöst.

Mit einer Leiter kletterte ich von außen aufs Haus und schrieb Hilfe darauf. Dann wartete ich.

Wochen wartete ich. Mittlerweile war im Haus kein Platz mehr für mich, und ich schlief draußen bei den Tieren.

Es gibt kein Telefon bei uns. Es gibt keinen Handy-Empfang, und auch die Post gelangt nur äußerst selten zu uns. Vater brachte sie meist von oben mit, genauso wie er auch alle Neuigkeiten von dort oben mitbrachte. Vater war unsere Zeitung, unsere Unterhaltung, unser Radio. Manchmal sang er Lieder, die er oben auf dem Berg gehört hatte. »When I dance they call me Macarena, and the boys they say que estoy buena«, dabei hatte er sich wie verrückt gedreht. Er hatte sogar gelacht. Was bei Vater immer unheimlich aussah. Weil Vater so selten lachte. Öffnete sich Vaters Mund, war es oft, als würde man vor einem Berg stehen, in dem sich mit einem Mal ein Höhleneingang auftat. »Dort oben könnse jetzt fliegen«, hat er einmal gesagt und von Menschen berichtet, die sich Gefieder hatten an den Körper nähen lassen. »Vogelmenschen heißen diese Leute, ein schöner Beruf, Joppel«, sagte er. »Vielleicht wirst du eines Tages auch ein Vogelmensch.«

»Ja, Vati«, hatte ich entgegnet, »das wäre schön. Ein Vogelmensch, ein Vogelmensch.«

Fragte ich, wie es dort oben sei, dort oben auf dem Berg, so sagte Vater immer nur, so ähnlich wie hier, nur ohne Berg. Ich wusste nicht, was er damit meinte. Denn im Grunde gab es hier unten ja kaum etwas anderes als den Berg. Der Berg bestimmte unser Leben, und würde es den Berg nicht geben, wäre das so, als würde die Schwerkraft aussetzen.

Als ich den Berg erklomm, war ich überrascht, wie leicht es mir fiel. Oft hatte ich Vater beim Aufstieg zugesehen, wie er mit Leichtigkeit den Felsen bezwang, ihn besser zu kennen schien als uns. Jeden Vorsprung, jede Felsspalte, Vater fand sie blind, und nun kam mir das, was ich dort tat, vertraut vor, und nachdem ich mich erst einmal überwunden hatte, war die Angst bald verschwunden. Das Haus, das so sehr vom Amtsberg eingeschlossen war, dass es kaum noch als Haus zu erkennen war, wurde kleiner und kleiner. Zwei Stunden brauchte ich für den Aufstieg. Dann hatte ich den Berg erklommen. Als ich oben war, schrie ich laut.

Ich danke Maike, Tex, Henry, Vati, Muddi, Julia, Mücki und Popo.
Außerdem danke ich Martin Brinkmann, Kat Menschik und Bärbel Brands.
Und natürlich Uri Geller.

MIX
Papier aus verantwortungsvollen Quellen
FSC® C006701

1. Auflage 2014
ISBN 978-3-8493-0343-3
© Metrolit Verlag GmbH & Co. KG, Berlin 2014
Einbandgestaltung: *studio grau*, Berlin
Unter Verwendung einer Illustration von Kat Menschik
Typografische Gestaltung: Henning Däuber, Leipzig
Satz: Greiner & Reichel, Köln
Gesetzt in der Sabon und Futura
Druck und Bindung: CPI – Ebner und Spiegel, Ulm
Printed in Germany

www.metrolit.de